Duftrosen

AUTORIN: HEIDE RAU | FOTOS: MARION NICKIG

Inhalt

4 Rosen-Praxis

- 5 Duftrosen verzaubern den Garten
- 6 Unwiderstehlicher Rosenduft
- 7 Info: Die wichtigsten Rosengruppen
- 8 Die Vielfalt der Duftrosen
- 8 Die vier Duftgruppen
- 10 Auf Schnuppertour: Duftrosen auswählen
- 11 Ganz wichtig: gute Qualität
- 12 Duft ergänzen und verstärken
- 13 Info: Duftende Begleitpflanzen
- 16 Hier fühlen sich Rosen wohl
- 18 Gut gebettet: Rosen pflanzen
- 20 Immer mit Maß: gießen und düngen
- 21 Mulchen und gießen
- 22 Gesund von Anfang an
- 22 Gute Pflege beugt vor
- 23 Tipp: Kräuterbrühen machen stark
- 24 Gut geschnitten – gut in Form
- 24 Grundregeln für den Schnitt
- 25 Spezielle Schnittmaßnahmen
- 26 Rosenpflege rund ums Jahr
- 26 Tipp: Frostempfindliche Rosen

28 Rosen-Porträts

30 **Rosentypischer Duft**
Duftfestival, Rose de Resht, Gertrude Jekyll, Heidi Klum, Louise Odier, Madame Isaac Pereire, Rosenresli, Souvenir du Docteur Jamain

36 **Lieblicher, blumiger, süßer Duft**
Celsiana, Fantin Latour, Madame Boll, Direktor Benschop, Felicia, Félicité Parmentier, Great Maiden's Blush, Reine des Violettes, Suaveolens, Veilchenblau, Westerland

44 **Fruchtiger Duft**
Graham Thomas, Augusta Luise, Benjamin Britten, Abraham Darby, Buff Beauty, Chartreuse de Parme, Colette, Ferdinand Pichard, Golden Celebration, The Pilgrim, Versigny

52 **Würziger, balsamischer Duft**
Roseraie de l'Haÿ, Constance Spry, Henri Martin, Belle Isis, Blush Noisette, Paul Ricard, Viridiflora

Extras

14 Special: Köstlichkeiten aus Duftrosen
58 Glossar
60 Register
62 Service
64 Impressum
Umschlagklappen:
    Verführerischer Rosenduft
    Die 10 GU-Erfolgstipps
    Harmonische Duftkombinationen

Rosen-Praxis

In Duftwolken eingehüllt durch einen romantischen Rosengarten zu spazieren, ist ein Genuss für alle Sinne. Denn Rosenduft macht Laune und bietet der Nase immer wieder neue Erlebnisse. Gestalten Sie deshalb im Garten Ihr ganz persönliches Duftparadies.

Duftrosen verzaubern den Garten

Rosen faszinieren mit Schönheit, Farbe und Duft – und das schon seit Jahrtausenden. Sie überraschen mit einer reichen Palette von Düften, die wie bei einem Parfum aus verschiedenen Duftnuancen komponiert sind.

Wie Rosen riechen

Bevorzugen Sie Teerosen mit Zitrusaroma, Moschus oder Myrrhe, den betörenden Duft Alter Rosen oder die fruchtig-würzigen Düfte moderner Rosen in Gelb und Apricot? Der Duft nach Teerosen erinnert an ein herbes Herrenparfum mit Edelhölzern als Basis. Wie ein blumiges Parfum für die Dame erscheint der süße oder auch leicht würzige, aber immer rosentypische Duft der Damaszenerrosen und der Zentifolien. Doch nicht nur die Alten Rosen, auch moderne Rosen duften wieder. Denn für alle Züchter sind stark duftende Rosen ein wichtiges Züchtungsziel. Eine Rose ohne Duft kann schön sein – doch es fehlt das gewisse Etwas, die Seele.

Ein duftendes Rosenparadies

Rosenduft ist eine kostbare Gabe der Natur, flüchtig und schnell verhaucht. Für einen kurzen Moment fühlen wir uns im Innersten berührt und wunschlos glücklich. Schon vor unserer Zeitrechnung galt die Rose im Orient und in Asien als Heilmittel für Körper und Seele. Noch heute wird sie wegen ihrer vielseitigen Wirkung in der Aromatherapie und in der Kosmetik geschätzt.
Suchen Sie deshalb Ihre Rosen mit der Nase aus und nicht nur mit den Augen. Mit Duftrosen können Sie schnell Romantik in den Garten bringen. Innerhalb kurzer Zeit wird aus jedem Garten ein blühendes Rosenparadies, das von Mai bis zum ersten Frost köstlich duftet.

Unwiderstehlicher Rosenduft

Niemand kann sich dem Duft der Rosen entziehen, denn der Vorgang des Riechens ist nicht vom Verstand kontrollierbar. In Sekundenschnelle werden Informationen an das limbische System, dem ältesten Teil des Gehirns, weitergeleitet. Dort ist der Sitz der Gefühle. Sobald wir einen Duft wahrnehmen, können längst vergessene Bilder auftauchen, die uns an Gärten und an Erlebnisse erinnern, die mit Rosenduft verknüpft sind. In der Aromatherapie gilt Rosenduft als Balsam für die Seele, er besänftigt die Nerven, wirkt anregend und harmonisierend, hellt die Stimmung auf und hilft Stress abzubauen. Kurz: Rosenduft erfreut und macht ganz einfach glücklich!

Immer der Nase nach

Düfte sind die Botenstoffe der Natur. Der uns so betörende Rosenduft soll in erster Linie bestäubende Insekten verführen. Die Duftmoleküle werden in Drüsen in den Blüten gebildet. An warmen, luftfeuchten Tagen entweichen die flüchtigen ätherischen Öle in die Luft. Doch nicht alle Rosen sind so freigiebig: Bei manchen müssen Sie die Nase tief in die Blüten-

Aromatherapie aus dem Garten: Ein Strauß aus den verschiedensten Rosen kann mit seinem Duft einen ganzen Raum erfüllen und verzaubern.

mitte stecken, um den Duft zu erschnuppern. Denn dort sind die Duftstoffe besonders konzentriert. Duft ist nicht beständig: Am stärksten ist er nach einem warmen Regen oder an einem sonnigen Tag am frühen Morgen, ehe die Duftmoleküle sich wieder verflüchtigen. An kühlen regnerischen Tagen kann sich der Duft dagegen kaum entwickeln. Übrigens: Nur frisch aufgeblühte Rosen duften typisch, sobald sie voll erblüht sind, lässt der Duft nach.

Keine Rose duftet wie die andere

Rosen duften süß, erfrischend fruchtig, aber auch herb und raffiniert. Den Duft der Zentifolien und Damaszenerrosen mögen fast alle, denn sie haben den reinsten Rosenduft. Jede Rose aber hat ihre spezielle Mischung, die einzigartig ist, obwohl es Ähnlichkeiten innerhalb der Gruppen gibt. Alte Rosen duften anders als ihre modernen Schwestern. Der Duft moderner Rosen ist leichter und erfrischender, mit einer feucht-grünen Note und würzig-pudrigem Duft. Oft verrät schon das Äußere, welche Duftnoten Sie erwarten: Moderne Rosen wirken kühl und robust, Stängel und Blüten sind fest. Alte Rosen wirken üppig und füllig, mit biegsamen Stängeln und zarten Blüten, ihr Duft betört und hat mehr Tiefe. Doch ob modern oder alt: In allen Gruppen gibt es Rosen, die stärker und schwächer riechen oder fast gar nicht – ein wichtiges Kriterium bei der Auswahl.

Die wichtigsten **Rosengruppen**

ALTE ROSEN Dies sind alle Rosenklassen, die es schon vor 1867 gab. Die 1. Gruppe entstand bis Ende des 18. Jahrhunderts. Zu diesen meist nur einmal blühenden Rosen gehören Gallicarosen, Albarosen, Damaszenerrosen, Zentifolien und Moosrosen. Die 2. Gruppe entstand durch Einkreuzen der Chinarosen und umfasst Portlandrosen, Bourbonrosen, Noisetterosen und Remontantrosen. Sie blühen zum Teil bereits öfter.

MODERNE ROSEN Sie entstanden aus vielen Vorfahren und lassen sich nicht mehr bestimmten Klassen zuordnen. Deshalb werden sie nach der Wuchsform unterteilt in Edelrosen, Zwergrosen, Beetrosen, Bodendeckerrosen, Strauchrosen und Kletterrosen. Auch die Englischen Rosen und alle nostalgisch anmutenden Rosen sowie die Moschatarosen gehören zu ihnen.

Belebend und gleichzeitig entspannend: Ein Hauch Rosenwasser erfrischt an heißen Tagen.

Die Vielfalt der Duftrosen

Duft macht eine schöne Rose noch schöner. Und die Palette der Rosendüfte bietet vielfältige Duftnuancen. Wie bei einem guten Parfum sind sie zu einer perfekten Duftsymphonie komponiert.

Das Geheimnis des Rosendufts

Düfte werden von jedem Menschen ein wenig anders wahrgenommen: Rosen duften einfach wunderbar, aber wonach genau riechen sie? Nicht nur nach Rose, sondern auch appetitlich nach Äpfeln, Himbeeren und Limonen, geheimnisvoll nach Myrrhe, Weihrauch und Moschus, blumig nach Maiglöckchen, Veilchen oder Lindenblüten, herb oder süß wie Tee, Balsam, Vanille, Mandeln, Honig und Wein. In der nüchternen Sprache der Chemie ist Duft ein Cocktail aus leicht flüchtigen ätherischen Ölen. Bisher sind etwa 500 einzelne Bestandteile bekannt. Die wichtigsten sind Citronellol und Geraniol, sie liefern den süßen rosentypischen Duft.

Die Begleitmelodie spielen Substanzen in geringerer Konzentration. Eine bedeutsame Komponente ist zum Beispiel das Duftmolekül Damascenon, ein Erbe der Damaszenerrosen – es vertieft das Aroma. Schon die kleinste Veränderung in der Zusammensetzung der verschiedenen Komponenten verändert den Duft.

Ätherisches Öl lässt sich aus den Blüten durch Destillieren gewinnen, als »Abfallprodukt« bleibt Rosenwasser zurück. Rosenöl ist in vielen Parfums und Kosmetikprodukten enthalten. Für nur 10 Gramm Rosenöl werden 100 Kilogramm Rosenblüten benötigt, deshalb ist es so kostbar und teuer. Die Damaszenerrosen liefern den Hauptanteil, in geringerem Maße verwendet man auch Zentifolien.

Die vier Duftgruppen

Oft fehlen uns die Worte, um einen Rosenduft richtig zu beschreiben, und unserer Nase fehlt die Übung, die feinen Nuancen zu erkennen. Ordnung in die verwirrende Vielfalt der Düfte bringt eine Einteilung in vier Duftgruppen, die sich an der Duftskala professioneller Parfümeure orientiert, die Tausende von Duftnoten mit der Nase erkennen können.

Rosentypisch Der echte Damaszenerduft ist der Inbegriff des Rosendufts: betörend, schwer, fast schon hypnotisch, blumig, mit einer Spur Süße, angenehm und absolut süchtig machend. Sie finden ihn bei historischen, aber auch bei modernen Rosen, wie bei der Damaszenerrose 'Rose de Resht' und der modernen Teehybride 'Duftfestival'. Duftprägend ist das Molekül Damascenon.

Lieblich, blumig, süß Dieser liebliche Rosenduft hat einen weichen, warmen Unterton. Seine süße Honignote wird durch Nerol und Linalool bestimmt, die süß und blumig-rosig duften. Dieser Duft wirkt sehr harmonisch. Sie finden ihn u. a. bei Zentifolien, Moschatarosen und Albarosen, zum Beispiel bei 'Celsiana' und 'Félicité Parmentier'. Ein leichter Ton von Moschus, Zitrus, weißer Hyazinthe und anderen Blüten spielt auch oft hinein.

Fruchtig, zitronig Die fruchtigsten Düfte haben Rosen, deren Blüten einen hohen Gelbanteil besitzen. Ihr Duft enthält süße, warme Fruchtnoten und herbe Zitrusfrische. Der wichtigste Duftbaustein ist Citral mit intensiv zitronigem Akzent. Der echte, leicht herbe Teerosenduft, den viele gelbe Rosen von den Chinarosen geerbt haben, wird oft von fruchtigen Nuancen überlagert. Diese Duftkombination haben z. B. 'Graham Thomas' und 'Buff Beauty'.

1 Die Remontantrose 'Souvenir du Docteur Jamain' duftet betörend und rosentypisch. Ihr schwerer Duft erinnert an den der Damaszenerrosen.

2 Die sehr reich blühende Albarose 'Félicité Parmentier' entwickelt einen wunderbaren, lieblich-süßen Duft, der sehr intensiv sein kann.

3 Die anmutige Englische Rose 'The Pilgrim' besitzt einen intensiven, fruchtigen und frischen Duft mit einem Hauch von Zitrone.

4 Die Moosrose 'Henri Martin' überrascht mit lieblichem Blütenduft und dem würzigen, harzigen Pinienaroma ihrer moosbesetzten Knospen und Triebe.

Würzig, balsamisch Zum Rosenduft gesellen sich herbe Komponenten wie Pfeffer, Anis, Muskat und Myrrhe, aber auch Weihrauch und Sandelholz. Für die würzige Komponente sind Carvon und Eugenol verantwortlich, Eugenol fügt eine dunkle, orientalische Note hinzu. Diese Mischung finden Sie besonders bei Gallicarosen wie 'Belle Isis' und Rugosarosen. Nach Myrrhe und Weihrauch duften einige Englische Rosen wie 'Constance Spry'. Eine Köstlichkeit ist das duftende Moos der Moosrosen, das eine balsamische Basisnote zum süßen Rosenduft liefert. Berührt man Kelch, Knospen und Stiele, die mit moosartigen Duftdrüsen besetzt sind, bleibt eine harzige Substanz an den Fingern kleben. Sie riecht wunderbar nach Wald, Moos, Sandelholz und Pinien.

Farbe, Duft und Duftvorlieben

Auffällig ist, dass es einen Zusammenhang zwischen Blütenfarbe und Duft gibt. Gelbe und orangefarbene Rosen duften fruchtig-zitronig, rote Rosen oft warm und stark, rosafarbene eher zart und rosentypisch, weiße elegant und blumig, manchmal mit zitroniger Note.

Doch mit den natürlichen Düften ist es wie mit einem Parfum: Eines gefällt nicht allen. Welche Duftrichtung bevorzugen Sie? Mir gefällt besonders die Abwechslung, die Rosendüfte bieten. Nach dem Genuss von schweren, berauschenden Düften liebe ich es, meine Nase mit zitronigen und fruchtigen zu erfrischen. Nutzen Sie diese Vielfalt, indem Sie Rosen aus einer Duftrichtung oder aus den verschiedenen Duftgruppen in Ihrem Garten zu betörenden Duftinseln kombinieren.

Hinweis Sogar Rosenblätter können duften: Die Blätter der Weinrose *Rosa rubiginosa* duften an warmen, luftfeuchten Tagen wunderbar nach reifen Renetten. Der liebliche Apfelduft wird bei leichtem Wind durch den Garten geweht. Herben Duft verströmen dagegen die Blätter der Weihrauchrose *Rosa primula*.

Auf Schnuppertour: Duftrosen auswählen

Eine gute Planung und die richtige Auswahl der Duftrosen ist für einen gelungenen Garten Voraussetzung. Planen Sie in Ruhe im Winter, es gibt dann für Rosenliebhaber ohnehin nichts Schöneres, als in Büchern und Katalogen zu stöbern. Wunschlisten werden dann von alleine immer länger. Anhand dieser Listen können Sie später in der Saison überall auf die Suche gehen – in Gärtnereien, bei Züchtern und in Privatgärten am Tag der offenen Tür. Denn Farben, Wuchsform und Duft lassen sich in natura besser beurteilen als nach Bildern und Beschreibungen, und die Nase entscheidet mit.

Beliebte Klassiker und neue Sorten finden Sie in Gärtnereien, ausgefallene oder seltene Duftrosen sind aber oft nur über den spezialisierten Versandhandel (→ Seite 62) zu finden. Er hat ein größeres Angebot. Nutzen Sie die Möglichkeit, sich dort telefonisch beraten zu lassen.

Welche Duftrose soll es sein?

Egal, für welchen Standort Sie eine Duftrose suchen: Es gibt für jeden Platz die richtige Rose – für sonnige Beete, für Nordlagen und sogar für schattige Rabatten, auf denen weichtriebige Rambler die dritte Dimension erobern und über Sträucher und in Bäume klettern. Kletterrosen (Climber) mit dicken, eher steifen Trieben wachsen straff aufrecht und sind ideal für Wände, Spalier und Pergola. Strauchrosen, die lange Triebe entwickeln, können auch als kleine Kletterrosen eingesetzt oder durch Obelisken unterstützt werden. Viele Rosen gedeihen bei guter Pflege auch in Kästen, Töpfen und Kübeln. Voraussetzung ist, dass die Pflanzgefäße ausreichend tief sind (→ Seite 19).
Duftrosen gibt es in vielfältigen Farbnuancen: Neben den sanften, weichen Tönen der Alten Rosen in Rosa, Purpur und Violett bringen die leuchtenden Apricot- und Gelbtöne moderner Rosen eine erfrischende Abwechslung. Robuste und gesunde Sorten finden Sie sowohl unter den Alten Rosen als auch unter den modernen Rosen. Es gibt aber auch

Weil Containerrosen blühend verkauft werden, können Sie den Duft sofort beurteilen und Ihre persönlichen Favoriten wählen.

Rosenduft liegt in der Luft – wenn Rosen die Hauptrolle im Beet spielen dürfen. Planen Sie intensiv duftende Sorten für den vorderen Teil des Beetes ein, um den Duft besser genießen zu können. Rosen, die ihren Duft großzügig verströmen, können auch im hinteren Bereich wachsen.

sogenannte »Liebhaberrosen«, die mehr Pflege benötigen, um gesund zu bleiben. Doch wegen ihres Dufts und ihrer Schönheit lohnen sie die Mühe.

Ganz wichtig: gute Qualität

Wählen Sie grundsätzlich nur Pflanzen von bester Qualität, sie entwickeln sich besser und schneller:
› Achten Sie darauf, dass die Triebe der Rose frischgrün aussehen und nicht eingetrocknet wirken.
› Bevorzugen Sie Pflanzen der Güteklasse A mit mindestens drei kräftigen Trieben, Güteklasse B hat nur zwei Triebe.
› Wurzelnackte Rosen sind feucht eingeschlagen und in Folie verpackt. Vorsicht bei etwas eingeschrumpfter Rinde – sie zeigt Trockenschäden an.
› Wurzelballierte Rosen werden mit dem Ballen und der Verpackung gepflanzt. Sie haben bereits Faserwurzeln und wachsen deshalb schneller an.
› Containerrosen sollten gut durchwurzelt sein und noch nicht zu lange im Container stehen.

ROSEN-PRAXIS

Duft ergänzen und verstärken

Perfekt wird das Dufterlebnis in Ihrem Garten, wenn Sie Ihren Rosen wohlriechende Begleiter an die Seite stellen und so die kontrastreichen Dufterlebnisse noch steigern.
Denn mit den richtigen Begleitpflanzen duften Rosen doppelt gut. Außerdem ergänzen Kräuter und Blumen mit ganz speziellen Aromen den Duft der Rosen – es entstehen wahre Duftsymphonien, die aus einem schlichten Garten eine Oase zum Wohlfühlen machen.

Düfte kombinieren

Fügen Sie dem Rosenduft eine gehaltvolle herbwürzige Basisnote oder eine spritzige, zitrusfrische Kopfnote hinzu: Mit der Wahl der entsprechenden Begleitpflanzen kreieren Sie Ihr ganz eigenes Gartenparfum. Doch je intensiver der Duft einer Rose ist, umso vorsichtiger sollten Sie die Begleitgesellschaft aussuchen. Besonders auf Balkon und Terrasse können zu intensive Düfte leicht zu dominant wirken, im Garten verteilen sie sich eher. Mein Tipp:

Rosen und Kräuter gehen in einem sonnigen Beet eine perfekte Partnerschaft ein. Die würzig-herben Düfte von Lavendel, Katzenminze, Ysop und Estragon bringen eine neue Duftnote ins Spiel.

Duft ergänzen und verstärken

Fast alle Duftpflanzen gedeihen auch gut in Töpfen. So können Sie immer wieder nach Lust und Laune umgruppieren und neue Dufterlebnisse schaffen. Übrigens: Blattdüfte schützen vor Pflanzenfeinden, deshalb sind Schädlinge im Duftgarten selten.

Die Palette der Duftbegleiter

Manche Pflanzen verströmen ihren Duft freigiebig, andere wollen erst berührt oder vom Wind bewegt werden, eher sie ihren Duft freisetzen.

Süße Düfte Vanille, Honig und Schokolade sind bei allen beliebt. Verwöhnen Sie Ihre Nase mit dem Aroma der Schokoladen-Kosmee und der Schokoladenblume. Lieblich erfrischenden Honigduft fügt der Duftsteinrich hinzu, für köstliches Vanillearoma sorgt die Vanilleblume. Blumig-süß duften Nelken, Levkojen, Duftwicken und Phlox, die Königslilie *(Lilium regale)* und ihre Hybriden blumig-schwer, der Pfeifenstrauch *(Philadelphus coronarius)* berauschend blumig mit Orangennote.

Fruchtige, zitronige Düfte Zitronenmelisse, Zitronenverbene, Zitronen- und Orangenthymian bringen Zitrusdüfte ins Spiel, die Römische Kamille apfeligen Kräuterduft. Ananas- und Fruchtsalbei duften wie ein Korb reifes Obst.

Herbe und würzige Düfte Das Aroma der Kräuter fügt eine würzige Note hinzu. Neben dem Klassiker Lavendel eignen sich Thymian, Bohnenkraut, Oregano und Rosmarin. Thymian gibt es auch in den Duftnuancen Kümmel, Pinie und Lavendel. Den Duft mediterraner Macchia holen Sie mit dem Currykraut und der Heiligenpflanze in den Garten. Duftpelargonien bieten vielseitige Aromen wie Minze, Rose, Zitrone, Muskat und Gewürze, immer mit herben Akzenten. Geheimnisvolles fügt der Duft des Heiligen Basilikums dazu, der an Zimt, Nelken und Weihrauch erinnert.

Duftende **Begleitpflanzen**

SÜSSE DÜFTE	**Schokoladen-Kosmee** *(Cosmos atrosanguineus)*; 7–9; burgunderrot; Schokolade **Schokoladenblume** *(Berlandiera lyriata)*; 5–7; gelb; Schokolade **Duftsteinrich** *(Lobularia maritima)*; 6–11; weiß; Honig **Vanilleblume** *(Heliotropium)*; 6–10; lila; Vanille
FRUCHTIG	**Römische Kamille** *(Anthemis nobilis)*; 6–10; weiß; Apfel **Zitronenthymian** *(Thymus x citriodorus* 'Golden Dwarf'; gelbgrünes Laub; Zitrone
HERB-WÜRZIG	**Currykraut** *(Helichrysum angustifolium)*; 8–9; gelb, silbriges Laub; Curry **Heiligenpflanze** *(Santolina chamaecyparissus)*; 7–8; gelb, silbriges Laub; Zypresse, Kamille **Heiliges Basilikum** *(Ocimum sanctum)*; grün- und rotblättrig; Weihrauch

Köstlichkeiten aus Duftrosen

Rosen werden seit alters als Heilpflanzen verwendet, weil sie Stoffe mit antibiotischen und hautpflegenden Eigenschaften enthalten. So gilt Rosentee als wohltuend für Leber, Galle, Magen und Milz. Eine Kompresse aus taufrischen Rosenblüten ist ein einfaches Hausmittel bei tränenden Augen und Geschwüren. Gegen Halsschmerzen und Mundgeruch hilft Gurgeln mit Rosenwasser. Oft genügt schon das Einatmen des köstlichen Dufts: Rosenöl, rund um die Nasenlöcher aufgetragen, wirkt belebend. Wirksam und dekorativ zugleich ist ein Blütenblatt, das man als Schimmelstopp auf Marmelade legt. Genießen Sie Rosenaroma auch im Alltag: mit Rosengelee zum Frühstück, Rosen-Prosecco als Aperitif oder als erfrischendes Rosenwasser.

Hinweis Verwenden Sie unbedingt nur frisch erblühte Duftrosen aus dem Garten, die nicht mit Pestiziden behandelt wurden. Die beste »Erntezeit« ist der Vormittag, wenn der Tau gerade getrocknet ist.

1 Rosengelee

Zutaten 15–20 Duftrosen, 1 kg Gelierzucker, 1/2 l Rot- oder Weißwein oder Prosecco

Zubereitung Blüten entblättern, den hellen Blütenboden abschneiden. Mit dem Wein bis kurz vor dem Siedepunkt erhitzen, 15 Min. gut verschlossen ziehen lassen. Absieben und abkühlen lassen. Gelierzucker zugeben und unter Rühren 4 Min. sprudelnd kochen lassen. Rubinrot wird das Gelee, wenn Sie rote und kräftig rosafarbene Rosen wählen. Mit gelben und orangeroten Rosen wird der Farbton heller. Mein Tipp: Mischen Sie Rosen mit verschiedenen Duftrichtungen – das Aroma wird dann fruchtiger.

2 Rosensirup

Zutaten 2 Handvoll Duftrosen, Saft von 1 Zitrone, 1 l Wasser, Zucker im Verhältnis 1:1

Zubereitung Blüten entblättern, den hellen Blütenboden abschneiden. Blüten mit dem Wasser einmal aufkochen, dann gut verschlossen 15 Min. ziehen lassen. Absieben, Zitronensaft und Zucker zufügen und aufkochen. In sterilisierte Flaschen füllen oder einfrieren. Als Aperitif mit Prosecco auffüllen oder als Basis für Rosenbowle, Tortenfüllung, Eis und für Obstsalate und süße Saucen verwenden.

3 Rosen trocknen

Zutaten 2 Handvoll Duftrosenblüten

Zubereitung Blütenblätter auszupfen, auf einem Tablett einige Tage trocknen lassen. In ein verschließbares Glas füllen. Für Tee, Potpourri, Rosenzucker.

4 Rosenwasser

Zutaten 2 Handvoll Duftrosenblüten, 1 l Wasser

Zubereitung Blütenblätter mit erwärmtem Wasser bedecken und zwei Tage stehen lassen. Absieben, nochmals die gleiche Menge Blüten zufügen, weitere zwei Tage stehen lassen und absieben. In eine sterilisierte Flasche füllen. Zum Aromatisieren von Gerichten oder als Gesichtswasser für sensible und trockene Haut, wirkt klärend und hautstraffend.

5 Kandierte Rosen

Zutaten 1 Eiweiß, Rosenblüten, feiner Zucker

Zubereitung Eiweiß leicht schlagen und mit einem Pinsel dünn auf die Blüten streichen. Mit Zucker bestreuen. Auf einem Rost trocknen, bis sie hart sind – eine leckere Dekoration für Kuchen und Desserts.

Hier fühlen sich Rosen wohl

Die Garantie für reichblühende Rosen sind ein Platz an der Sonne und humoser Boden. Rosen lieben Licht und Luft, Hitze und Staunässe vertragen sie dagegen nicht.

Die Grundlage: ein guter Boden

Der ideale Boden ist humos, schön locker, krümelig und tiefgründig, denn die Wurzeln der Rosen wollen tief in die Erde dringen. Nährstoffarme, leichte Böden (Sandböden) können Sie mit Kompost, Mist und Gesteinsmehl verbessern, schwere Böden (tonhaltige Lehmböden) mit scharfem Sand ohne Feinanteile (Baustoffhandel) lockerer machen.

Rosen wachsen am besten in leicht sauren Böden mit einem pH-Wert von 6–6,5. Diesen Wert können Sie mit einem pH-Set (Fachhandel) messen. Liegt er niedriger, können Sie ihn erhöhen, indem Sie im Winter Kompost oder Mist 3–5 cm hoch um jede Rose verteilen und pro Pflanze 50 g Carbonatkalk oder kohlensauren Kalk zusetzen.

Hinweis Rugosarosen benötigen sauren Boden unter pH 6, ihnen gibt man deshalb keinen Kalk.

Solch verschwenderische Üppigkeit braucht eine gute Grundlage: Einen guten humosen Boden danken öfterblühende, dichtgefüllte Rosen mit reicher Blütenfülle.

Die richtige Rose am richtigen Platz

Grundsätzlich gilt: Je besser Rosen an den Standort angepasst sind, umso gesünder entwickeln sie sich. Reservieren Sie deshalb die besten Plätze im Garten für großblumige Duftrosen. Gerade solche Sorten brauchen guten, humosen Boden, damit sie mehrmals in der Saison die Kraft für die gewünschte Blütenfülle aufbringen. Fehlen Nährstoffe und Wasser, bleibt die Nachblüte aus oder ist gering. Ein Trost für alle, deren Garten wenig perfekte Standorte bietet: Die Sortenvielfalt ist so groß, dass es eine gute Auswahl an Rosen gibt, die auch mit weniger idealen Bedingungen auskommen.

› Für leichte, sandige Böden eignen sich die Kartoffelrosen *(Rosa rugosa)* in all ihren reizvollen Spielarten sowie die Bibernellrosen *(Rosa pimpinellifolia)*. Auch viele einmalblühende Alte Rosen und die robusten Ramblerrosen nehmen es mit mageren Böden auf und gedeihen fast ohne Pflege.

› Sogar für halbschattige Plätze oder Nordlagen gibt es passende Rosen wie 'Veilchenblau' oder 'Rosenresli', allerdings blühen sie dort weniger.

› Nur an zu schattige oder trockene Plätze sollten Sie keine Rosen pflanzen, diese fördern Pilzkrankheiten (→ Seite 22). Auch verdichtete Böden sind ungeeignet, weil die Rosen nicht tief wurzeln können.

Hinweis Je sonniger und windstiller der Standort ist, umso besser entfalten sich Düfte. Im Halbschatten blühen manche Rosen zwar noch zufriedenstellend, ihr Duft ist aber schwächer, weil sie ohne Sonne weniger ätherische Öle verströmen.

Wenn der Boden müde wird

Standen auf einem Platz seit Jahren Rosen, kann bei einer Neuanpflanzung die sogenannte Bodenmüdigkeit auftreten. Dies erkennen Sie daran, dass sich die neuen Rosen nicht gut entwickeln, sondern kümmern. Die Ursache dafür ist noch nicht ganz erforscht. Wählen Sie für neue Rosen deshalb einen Platz, auf dem bisher keine Rosen standen. Ist das nicht möglich, sollten Sie die Erde bis in eine Tiefe von 50 cm großzügig austauschen oder einen Bodenaktivator mit Mikroorganismen ausbringen.

Schöner Willkommensgruß – doch so dicht ans Haus gepflanzte Rosen brauchen regelmäßiges Gießen.

ROSEN-PRAXIS

Gut gebettet: Rosen pflanzen

Für ein langes, gesundes Rosenleben ist ein guter Start ganz wichtig. Gehen Sie deshalb beim Pflanzen sorgfältig vor, es zahlt sich später aus. Wurzelnackte Rosen können Sie von Mitte März bis Ende April und von Mitte Oktober bis Dezember pflanzen. Als beste Pflanzzeit hat sich jedoch der Herbst bewährt, weil dann der Boden noch warm ist und sich schnell Faserwurzeln bilden. Im Frühjahr beginnen die Rosen dann zeitig zu wachsen. Containerrosen können Sie während der ganzen Saison pflanzen, außer bei Frost.

Richtig pflanzen

Vor dem Pflanzen dürfen sich Ihre neu gekauften wurzelnackten Rosen in einem Tauchbad erholen. Lassen Sie sie mindestens 1–2 Std. und maximal 8 Std. in einem großen Gefäß mit Wasser stehen. Inzwischen können Sie den Pflanzplatz vorbereiten.

› Heben Sie die Erde zwei Spaten tief und ebenso breit aus, sodass die Rose gut in das Loch passt.
› Lockern Sie den Unterboden mit einer Grabegabel. Stoßen Sie auf Steine oder Wurzeln, graben Sie noch etwas tiefer und entfernen diese.
› Mischen Sie den Aushub in einer Schubkarre mit bis zu einem Drittel reifem Kompost oder abgelagertem Mist. Füllen Sie einen Teil in die Pflanzgrube.
› Kürzen Sie die Wurzeln der Rose etwas ein, dann bilden sich an den Schnittstellen neue Faserwurzeln. Schneiden Sie verletzte Triebe und Wurzeln zurück. Breiten Sie die Rose im Pflanzloch so aus, dass keine Wurzeln geknickt werden. Die Veredelungsstelle (erkennbar an der Verdickung am Wurzelhals) soll bei Beetrosen 5 cm, bei Strauch- und Kletterrosen 8 cm unter der Erde liegen.
› Halten Sie die Rose am Wurzelhals fest und füllen Sie die Erdmischung ein. Rütteln Sie sie etwas, damit die Erde alle Zwischenräume ausfüllt. Dann treten Sie die Erde vorsichtig fest oder drücken sie mit der Hand an. Schlämmen Sie den Boden mit einer Gießkanne ohne Brause mit Wasser ein.
› Verteilen Sie die übrige Erde um die Rose und häufeln Sie sie ca. 20 cm hoch an. Das schützt im Winter vor Frost und im Frühjahr vor Austrocknung. Ist kein Frost mehr zu erwarten, häufelt man ab.
› Gießen Sie die Rose bei Trockenheit einmal wöchentlich, bis sie sich gut bewurzelt hat.

1 Heben Sie die Erde zwei Spaten tief und breit aus, lockern Sie den Boden mit der Grabegabel und bedecken Sie ihn mit Kompost und Erde.

2 Tauchen Sie den Topf in einen Eimer mit Wasser, bis keine Bläschen mehr aufsteigen, und lösen Sie die Rose vorsichtig aus dem Topf.

› Im Jahr der Pflanzung werden Rosen nicht gedüngt. Sie sollen ihre Kraft zuerst in die Bildung der Wurzeln stecken statt in Blattwerk und Blüten.
Hinweis: Halten Sie unbedingt den richtigen Pflanzabstand ein: Er entspricht in etwa der Höhe der Rosen. Pflanzen Sie nicht zu dicht, denn das fördert den Befall mit Sternrußtau. Beet- und Edelrosen in Gruppen pflanzt man 40–50 cm weit auseinander, Strauchrosen 1–2,5 m, Kletterrosen 2–4 m und Rosen für Hecken 80–100 cm.

Vom Container in den Garten

Containerrosen pflanzt man im Prinzip genauso wie wurzelnackte Rosen. Ganz besonders wichtig ist es, den Pflanzplatz gut vorzubereiten, damit die Rose besser in das für sie fremde Substrat einwächst.
› Tauchen Sie vor dem Pflanzen den Topf gründlich in Wasser, bis keine Blasen mehr aufsteigen. Entfernen Sie den Topf und lockern Sie die Wurzeln.
› Bereiten Sie das Pflanzloch genauso vor wie beim Pflanzen wurzelnackter Rosen. Setzen Sie den Ballen jedoch 5–8 cm tiefer als im Topf, sodass die Veredelungsstelle unter der Erde liegt. Wässern Sie die Rose im ersten Jahr bei Trockenheit regelmäßig.

Mit Stütze und im Topf

Kletterrosen Beim Pflanzen von Kletterrosen bringen Sie zunächst die Kletterhilfe an. Halten Sie zur Wand einen Abstand von 30–50 cm ein, damit die Luft gut zirkulieren kann. Setzen Sie die Wurzeln im Pflanzloch so ein, dass sie von der Wand wegweisen.
Stammrosen Bei Hochstämmchen setzt man beim Einsetzen in das Pflanzloch gleich den Stützpfahl dazu. Er sollte mindestens 10 cm in die Krone ragen und gut in der Erde verankert sein. Binden Sie ihn in Form einer Acht mit weichem Material wie etwa kunststoffummanteltem Bindedraht an.

3 Lockern Sie die Wurzeln vorsichtig und setzen Sie die Rose ein. Die Veredelungsstelle soll etwa 5–8 cm tief unter der Erde liegen.

4 Füllen Sie die restliche Erde auf und drücken Sie sie gut an. Im Frühjahr und Herbst häufeln Sie die Rose etwa 20 cm hoch an.

5 Schlämmen Sie den Boden um die Rose mit einer Gießkanne ohne Brause gründlich ein. Wässern Sie im ersten Jahr oft und gründlich.

Topfrosen Werden Rosen in Gefäße gepflanzt, müssen diese möglichst tief sein. Für Beetrosen und kleinere Strauchrosen genügen 50 cm Tiefe, bei großen Strauchrosen und Kletterrosen sollten es 70 cm sein. Füllen Sie zunächst eine 10 cm hohe Dränageschicht aus Tonscherben, Blähton oder Kieselsteinen ein. Als Substrat eignet sich Rosenerde am besten. Wechseln Sie die Erde nach drei Jahren und schneiden Sie Wurzeln und Triebe zurück.

Immer mit Maß: gießen und düngen

Für gutes Wachstum brauchen Rosen eine ausgewogene Ernährung und gute Wasserversorgung. Die wichtigsten Nährstoffe sind Stickstoff, Phosphor, Kalium, Kalzium und Magnesium sowie Spurenelemente in geringen Mengen. In den handelsüblichen Rosendüngern sind sie in einem ausgewogenen Verhältnis enthalten. Rosendünger gibt es in mineralischer, organischer und mineralisch-organischer Form. Sie haben verschiedene Vor- und Nachteile.

› Mineralische Dünger sind wasserlöslich und sofort wirksam. Dosiert man sie aber zu hoch, wird das Leben der Mikroorganismen im Boden gestört. Messen Sie deshalb die Mengen nach den Herstellerangaben genau ab. Besser sind mineralische Depot- oder Langzeitdünger: Sie geben die Nährstoffe nach und nach ab.

› Organische Dünger wirken langfristig. Sie ernähren nicht nur die Pflanze, sondern verbessern insgesamt das Bodenleben. Dazu gehören Rosendünger, die es auch mit Mikroorganismen kombiniert gibt, sowie Hornspäne, reifer Kompost und abgelagerter Mist. Im Boden vorhandene Mikroorganismen setzen die Nährstoffe nach und nach frei.

Hinweis Wenn Sie alle drei Jahre abgelagerten Stallmist ausbringen, hat dies einen angenehmen Nebeneffekt: Mist verstärkt den Duft! Aber Vorsicht: Zu stark gedüngte Rosen duften weniger. Auch auf Sandböden ist der Duft schwächer.

Hungerkünstler und Leckermäuler

Nicht alle Rosen brauchen gleich viel. Genügsam sind einmalblühende Wildrosen, Rambler und Alte Rosen. Ihnen reicht eine einmalige Düngergabe im zeitigen Frühjahr. Rambler und Wildrosen sollten Sie gar nicht oder nur wenig düngen.
Gute »Futterverwerter« sind alle öfterblühenden Rosen: Sie benötigen noch eine zweite Gabe. Streuen Sie deshalb zum Ende der ersten Blütezeit noch 60 g/m² Rosendünger aus. Nach dem 15. Juli dürfen Sie Ihre Rosen aber nicht mehr düngen, sonst kann das Holz bis zum Winter nicht mehr ausreifen. Bei frostempfindlichen Rosen gebe ich im August noch eine Gabe Kalimagnesium (30–40 g/m²). Dies fördert das Ausreifen der Triebe und kräftigt die Zellwände. Mein Tipp für öfterblühende Rosen: Bedecken Sie im Winter den Boden rings um die Rose mit einer 3–5 cm hohen Schicht abgelagertem Kompost oder Mist – die Nährstoffe stehen dann im Frühjahr beim Austrieb gleich zur Verfügung.

Bei längeren Trockenzeiten brauchen Rosen alle 14 Tage reichlich Wasser, das fördert die Nachblüte.

Immer mit Maß: gießen und düngen

Hinweis Streuen Sie Dünger auf den Boden und nie auf Blätter und Blüten, sie verbrennen sonst. Harken Sie ihn gut ein. Bei Trockenheit wässern.

Mulchen und gießen

Rosen wachsen besser in offenem Boden. Lassen Sie deshalb um jede Rose eine Pflanzscheibe frei, sodass Sie gezielt düngen, wässern und hacken können. Sparen Sie diesen Platz um die Rose auch aus, wenn das Beet mit Rindenmulch abgedeckt wird. In längeren Trockenzeiten fördern zusätzliche Wassergaben den Blütenreichtum. Es genügt, alle 14 Tage langsam und durchdringend zu wässern. Nicht über die Blätter gießen – das fördert Pilzbefall.

DÜNGEN Messen Sie den Rosendünger nach den Angaben auf der Packung ab und verteilen Sie ihn rings um die Rose. Dann einharken und bei Trockenheit wässern. Die erste Gabe erfolgt im März, eine zweite zum Ende der ersten Blütezeit. Nach dem 15. Juli nicht mehr düngen, damit das Holz ausreifen kann. Bringen Sie den Dünger kurz vor Regen aus, so sparen Sie einen Arbeitsgang.

KALIGABEN Mit Kalimagnesium (als Patentkali im Handel) stärken Sie das Zellgewebe Ihrer Rosen. Das fördert das Ausreifen der Triebe und damit die Frostfestigkeit, zusätzlich stärkt es die Gesundheit der Pflanzen. Kalimangel führt vermutlich zu Sternrußtau und Rost. Geben Sie Patentkali im Frühjahr und Anfang August (30–40 g/m^2) – einfach ausstreuen und einharken.

MULCHEN Eine Mulchschicht hält die Feuchtigkeit im Boden, führt dem Boden Nährstoffe zu und unterdrückt außerdem das Unkraut. Verwenden Sie als Mulch abgelagerten Kompost oder Mist, Rindenmulch wird nicht gut vertragen. Bringen Sie die Mulchdecke im Winter um die Rose aus. Vermischt mit Erde, kann sie auch zum Anhäufeln verwendet werden.

ROSEN-PRAXIS

Gesund von Anfang an

Maßvolle Düngung und der richtige Standort sind die Voraussetzung für gesunde Rosen. Kombinieren Sie zudem Ihre Rosen mit reizvollen Kräutern und Stauden: Diese ziehen Insekten und Vögel an, die Blattläuse, Raupen und andere Schädlinge vertilgen. Das Ideal ist eine biologische Vielfalt, die ein Gleichgewicht zwischen Freund und Feind ermöglicht. Dann regelt sich vieles von selbst und Sie brauchen nur noch in Notfällen einzugreifen. Bewährt haben sich folgende Kombinationen:
› Zwischen Rosen gepflanzter Lavendel vertreibt mit seinem Duft Ameisen und Läuse.
› Salbei hält Raupen, Schnecken und Läuse von Rosen fern.
› Um die Rosen gesteckter Knoblauch wehrt Pilze ab und verstärkt außerdem den Duft.
› Borretsch scheidet Saponine aus und fördert so Wachstum und Gesundheit.

Gute Pflege beugt vor

A und O der Gesundheitsvorsorge ist ein geeigneter Standort: Ist er luftig und haben die Rosen ausreichend Abstand zu den Nachbarpflanzen, können die Blätter nach einem Regen schneller abtrocknen. Schadpilze haben dann weniger Chancen. Trockene oder zu nasse Plätze fördern dagegen Krankheiten und Schädlinge. Auch trockene, eingeschlossene Lagen vor Wänden sind eine Einladung für Spinnmilben und Rosenzikaden, die die Rosenblätter schädigen.
Handeln Sie beim Düngen nie nach der Devise »Viel hilft viel«. Stickstoffüberschuss macht Pflanzenteile weich, sodass Schädlinge die Rosen sehr leicht befallen können. Eine maßvolle Düngung, die das Wachstum nicht zu stark anregt, wirkt dagegen stärkend und verlängert das Leben Ihrer Rosen.
Mein Tipp: Lesen Sie es Ihren Rosen von den Blättern und Blüten ab, ob ihnen genug Nährstoffe zur Verfügung stehen: Sattgrüne Blätter und farbintensive Blüten zeigen an, dass die Pflanzen ausreichend mit Nährstoffen versorgt sind.

Rundum gut versorgte Rosen erfreuen mit üppiger Blütenfülle. Düngen Sie maßvoll, aber regelmäßig – zu viel Dünger schadet.

Gesund von Anfang an

Rosenrost entwickelt sich oft bei verdichteten, lehmigen Böden. Lockern Sie den Boden regelmäßig und fügen Sie Sand und Kompost zu.

Zu viele Stickstoff macht anfällig für Sternrußtau: Vermeiden Sie deshalb Überdüngung. Bei Befall hilft es, den Boden mit Schachtelhalmbrühe zu desinfizieren.

Schützen und kontrollieren

Eine wahre Fitness-Kur für Rosen sind selbstangesetzte Pflanzenbrühen aus Beinwell (→ Kasten), Brennnesseln, Rainfarn und Schachtelhalm: Sie machen Rosen stark, sodass sie sich hungrigen Feinden besser erwehren können. Für alle öfterblühenden Rosen eignen sich die Brühen auch gut als Düngernachschub zum Ende der Blütezeit im Juni. Der tägliche Kontrollgang im Garten hilft, den Befall mit Pilzen, Blattrollwespen – erkennbar an röhrenförmig eingerollten Blättern – und anderen Schädlingen zu entdecken und einzudämmen:
› Zupfen Sie befallene Blätter ab und entsorgen Sie sie im Müll. Stark befallene Triebe zurückschneiden.
› Gegen Mehltau hilft Sprühen mit einer Mischung aus einem Teil Milch und neun Teilen Wasser.
› Bei besonders anfälligen Rosen hackt man den Boden im Herbst, desinfiziert ihn mit Schachtelhalmbrühe (Extrakt aus dem Fachhandel) und bedeckt ihn mit einer Schicht Kompost oder Mist. Das verringert die Ausbreitung von Schädlingen.

› Bei starkem Befall im Vorjahr habe ich gute Erfahrungen mit einem Radikalschnitt gemacht: Anfang April alle (!) Triebe bis zur Veredelungsstelle zurückschneiden. Die Rose treibt aus den schlafenden Augen aus und baut sich gesund wieder auf. Hilft gar nichts, ist manchmal ein Standortwechsel erfolgreich, oder Sie verschenken die Rose: Gut möglich, dass sie in einem anderen Garten besser wächst.

Kräuterbrühen machen stark

BEINWELLBRÜHE enthält Mineralstoffe, Stickstoff und Kalium. Setzen Sie 1 kg zerkleinerte Blätter mit 10 l Wasser in einem Steingut- oder Kunststoffgefäß an. 10–14 Tage gären lassen und täglich umrühren. Mit Wasser 1:10 verdünnen und um die Rose auf die Erde gießen. **BRENNNESSELBRÜHE**, die Eisen, Stickstoff, Phosphor und Spurenelemente enthält, wird genauso hergestellt.

Gut geschnitten – gut in Form

Ein guter Schnitt hält Rosen nicht nur in Form, sondern fördert Blütenfülle und Gesundheit. Und keine Angst: Ein falscher Schnitt schadet Rosen nicht, als Gehölze sind sie sehr schnittverträglich. An jeder Schnittstelle treibt die Rose wieder neu aus, ihre vitale Wuchskraft überwächst Fehler schnell. Außerdem ist der Rosenschnitt leicht zu erlernen.

Schneiden oder wachsen lassen?

Beobachten Sie, wie Ihre Rosen wachsen, und entscheiden Sie dann, ob die Schere eingreifen soll. Denn nicht alle Rosen müssen regelmäßig geschnitten werden.

Einmalblühende Rosen, Wildrosen und Rambler wachsen auch ohne Schnitt zu regelmäßig aufgebauten Sträuchern und Kletterpflanzen heran, die üppig blühen. Doch so romantisch Rosen mit überhängenden Zweigen aussehen: Bei leicht auseinanderfallenden Sträuchern ist ein kuppelförmiger Schnitt nach der Blüte von Vorteil, damit sie nicht zu groß werden. Bei öfterblühenden Rosen, die an diesjährigen Trieben blühen, fördert ein Schnitt die Verzweigung und damit die Blütenfülle.

Grundregeln für den Schnitt

Schneiden Sie immer 5–10 mm über einem Auge (Triebknospe), das nach außen zeigt. Dann wächst auch der neue Trieb nach außen, der Strauch bleibt luftig und es kann Licht ins Strauchinnere dringen. Im Frühjahr ist das Auge als erhabener roter Punkt zu erkennen. Verwenden Sie eine scharfe Schere, damit der Trieb nicht gequetscht wird.

Frühjahrsschnitt Er wird bei allen Rosen durchgeführt. Der beste Schnitttermin ist Anfang April.

› Schneiden Sie abgestorbene und erfrorene Triebe bis zur Basis oder bis in das gesunde Holz zurück. Sie erkennen es an dem grünlich-weißen Mark, das keine braunen Stellen aufweist.

› Entfernen Sie auch alle zu dünnen und schwachen Triebe, sie können später die Blütenlast nicht tragen.

› Alle drei bis fünf Jahre schneiden Sie ältere Äste bis zum Boden zurück. Sie erkennen sie gut an der borkigen Rinde. Das verjüngt die Rose, weil sich neue Triebe aus der Basis bilden.

Entfernen Sie altes Holz und eingetrocknete Aststummel (Zapfen), um das Eindringen von Krankheitserregern zu verhindern.

Schneiden Sie den Trieb bis in das gesunde, grünlich-weiße Holz zurück. Krankes, altes Holz erkennen Sie an braunen Stellen.

Sommerschnitt Einmalblühende Rosen müssen im Sommer nicht ausgeschnitten werden. Sie können aber nach der Blüte einen Formschnitt erhalten. Bei allen öfterblühenden Rosen schneidet man dagegen regelmäßig die verblühten Triebe bis zu einem darunterliegenden vollständigen, meist fünfteiligen Blatt zurück. Dauerblühende Rosen, die fast ohne Pause durchblühen, treiben schon während der Blütezeit neue Triebe. Direkt darüber wird das Verblühte entfernt. Bei Rosen, die Hagebutten bilden, zupft man nur die verwelkten Blüten ab.

Spezielle Schnittmaßnahmen

Ein starker Rückschnitt auf drei bis fünf Augen bewirkt einen starken Austrieb, ein schwacher Rückschnitt – nur um ein Drittel der Trieblänge – einen schwachen Austrieb.
Beetrosen und Edelrosen werden stark zurückgeschnitten, weil sie an jungen Trieben besonders reich blühen. Als Solitär können sie aber auch höher wachsen, dann werden sie wie Strauchrosen behandelt.
Stammrosen schneidet man wie Beetrosen stark zurück. Achten Sie auf eine runde, kompakte Form. Weichtriebige Kaskadenrosen lichtet man nur aus.
Strauchrosen dürfen die ersten drei bis fünf Jahre erst einmal wachsen. Danach schneidet man sie jedes Jahr auf ein bis zwei Drittel der Wuchshöhe zurück. Die seitlichen Triebe hält man etwas kürzer, um eine rundliche Form zu erzielen.
Kletterrosen lässt man die ersten zwei bis drei Jahre ebenfalls erst einmal wachsen. Danach schneidet man alle Seitentriebe im Frühjahr wie bei Beetrosen stark zurück. Im Sommer behandelt man alle verblühten Triebe in der gleichen Weise. Damit die Triebe im unteren Bereich nicht verkahlen, empfehle ich einen Stufenschnitt: Kürzen Sie einige Basistriebe auf unterschiedliche Länge ein. Die Kletterrose blüht dann von oben bis unten und nicht nur in »luftigen Höhen«.

Hinweis Rosen sind Individualisten und wachsen nicht immer so, wie es der Gruppe, der sie zugehören, entspricht. Manche Beet- und Strauchrosen entwickeln lange Triebe und wollen klettern. Unterstützen Sie solche Rosen durch einen Obelisken oder leiten Sie die Triebe in einen Baum oder Strauch.

Ein regelmäßiger Rückschnitt von verblühten Trieben fördert die Nachblüte. Schneiden Sie immer direkt über einem vollständigen Blatt.

Beetrosen erhalten einen kräftigen Rückschnitt im Frühjahr auf drei bis fünf Augen. Dünne Triebe werden ganz entfernt.

Strauchrosen werden um ein bis zwei Drittel der Wuchshöhe bis zu einem nach außen zeigendem Auge zurückgeschnitten.

Rosenpflege rund ums Jahr

Schenken Sie Ihren Duftrosen das ganze Jahr über etwas Aufmerksamkeit und Pflege – sie lohnen es mit üppiger Blütenfülle und langem Leben.

Start in die Saison

März Häufeln Sie frisch gepflanzte Rosen auch im Frühjahr an, das schützt sie vor dem Austrocknen. Jetzt ist Zeit für die erste Düngung: Streuen Sie mit dem Rosendünger (60 g/m²) zugleich Kalimagnesium (30 g/m²) aus. Mit Kaligaben öffnen sich die Blüten bei Regen besser, das Gewebe wird fester und die Blütenfülle gesteigert. Harken Sie den Dünger gut ein und wässern Sie bei Trockenheit. Im März beginnt auch die Pflanzzeit, und zum Ende des Monats können Sie mit dem Rückschnitt beginnen.
April Kümmern Sie sich jetzt weiter um den Rückschnitt. Wenn Begleitpflanzen den Rosen zu nahe kommen, schneiden Sie störende Triebe zurück. Wuchernde Pflanzen stechen Sie ab. So bekommen die Rosen mehr Licht und Luft und bleiben gesund.

Noch mehr Blütenfülle

Mai Damit die Duftrosen reichlich blühen, ist es wichtig, in Trockenzeiten alle 14 Tage durchdringend zu wässern.
Juni Zum Ende der Blütezeit brauchen alle öfterblühenden Rosen eine zweite Portion Dünger (60 g/m²). Lockern Sie den Boden nach Regen und schneiden Sie Verblühtes aus. Kontrollieren Sie alle Rosen regelmäßig auf Krankheiten und Schädlinge und vernichten Sie befallene Blätter sofort.
Juli Ab dem 15. Juli dürfen Sie Ihre Rosen nicht mehr düngen. Schneiden Sie Verblühtes weiter regelmäßig aus. Einmalblühende Rosen können bei Platzmangel nach der Blüte in eine rundliche Form geschnitten werden. Das verhindert das Auseinanderfallen überhängender Triebe. Von Schädlingen befallene Blätter zupfen Sie weiter regelmäßig ab.

Vorbereitungen für den Winter

August Damit das Holz gut ausgereift in den Winter geht, sollten Sie jetzt Kalimagnesium (30–40 g/m²) um die Rose streuen und einharken.
November Bis einschließlich Februar ist die beste Zeit, um Kompost und Mist auszubringen. Dann stehen im Frühjahr beim Austrieb die Nährstoffe zur Verfügung. Diese Maßnahme ersetzt die Frühjahrsdüngung.
Dezember Ist der Boden frostfrei, können Sie bis Ende des Monats noch neue Rosen pflanzen. Kontrollieren Sie, ob die Veredelungsstellen unter der Erde liegen. Ist dies nicht der Fall, häufeln Sie ca. 20 cm hoch mit Erde an. Auch alle frostempfindlichen Rosen häufeln Sie an. Zum Ende des Monats sollten Sie empfindliche Rosen und Stammrosen mit Wintervlies oder Tannenzweigen abdecken.

> ### Frost**empfindliche** Rosen
>
> **IN RAUEN LAGEN** brauchen die nachfolgenden Rosen unbedingt einen Winterschutz: 'Abraham Darby', 'Blush Noisette', 'Buff Beauty', 'Felicia', 'Graham Thomas', 'Madame Isaac Pereire', 'Rosenresli', 'Souvenir du Docteur Jamain'.
> **EDELROSEN** sind oft frostempfindlich, deshalb sollten sie immer angehäufelt werden. Dazu verwendet man die umgebende Erde.

KONTROLLE Wenn Sie regelmäßig Ihre Rosen auf Blattschäden kontrollieren, verhindern Sie, dass sich Pilze und tierische Schädlinge wie Raupen und Läuse zu stark ausbreiten. Sammeln Sie Schädlinge von Hand ab und schneiden Sie notfalls stark befallene Triebe und Blätter zurück. Das gilt für Mehltau, Rost und Sternrußtau sowie für Blattrollwespen, die Blätter zusammenrollen, und Blattwespen, die Lochfraß verursachen. Triebe samt Schädlinge sollten im Müll entsorgt werden.

SCHÖN AUCH IM WINTER Zum Schmuckstück werden die eingepackten Topfrosen im Winter. Jutesäcke umhüllen die Töpfe, verziert mit farbigen Jutebändern. Die Zwischenräume können Sie mit Laub auspolstern. Nadelreisig zwischen die Zweige gesteckt schützt vor Frost und austrocknenden Winden, Sonne und Temperaturschwankungen. An frostfreien Tagen das Gießen nicht vergessen.

KÄLTESCHUTZ Empfindliche Rosen häufelt man im November an. Zum Schutz vor Sonne, Kälte und Wind erhalten sie erst ab Ende Dezember zusätzlichen Schutz durch locker gestecktes Reisig.

Rosen-Porträts

Wie sollen die gewünschten Rosen duften, in welchen Farben ihre Blüten strahlen, an welchem Standort dürfen sie stehen? In den Rosen-Porträts finden Sie alle nützlichen und wertvollen Informationen für die Auswahl Ihrer Duftrosen.

Die schönsten Duftrosen

Intensiv duftende Rosen gibt es in fast allen Gruppen: Bei Edelrosen, Strauchrosen und Kletterrosen werden Sie leicht fündig, bei Beet- und Bodendeckerrosen, die hauptsächlich der Farbe wegen gepflanzt werden, dagegen weniger. Im nachfolgenden Porträtteil finden Sie eine Auswahl der besten Duftrosen, die in vier Duftgruppen (→ Seite 8/9) eingeteilt wurden.

Wichtige Kriterien für die Auswahl

Achten Sie auf die Angaben in den Porträts, die zusätzlich zu den Beschreibungen auch individuelle Pflegetipps bieten. Diese Anregungen helfen Blütenfülle und Gesundheit Ihrer Duftrosen zu optimieren.

› Die Wuchshöhe der Rosen ist abhängig von Boden, Düngung und Standort. Die Angaben sind dehalb nur als ungefähre Richtwerte zu verstehen.

› Die Intensität des Dufts einer Rose ist nicht nur von der Tageszeit und vom Blühstadium abhängig, sondern auch von Standort, Boden, Düngung und Klima. Da Duft individuell unterschiedlich empfunden wird, sind auch diese Angaben relativ und nur Anhaltspunkte. Manche Rosen müssen sich auch erst an einem neuen Standort eingewöhnen, ehe sie ihren vollen Duft entwickeln.

› Die Hauptblütezeit fast aller Rosen ist der Juni. Mit frühblühenden Rosen und Rosen, die bis zum Frost blühen, lässt sich die Rosenzeit im Garten jedoch verlängern. Achten Sie bei der Auswahl aber nicht nur auf die Blütezeit, sondern berücksichtigen Sie auch die anderen Eigenschaften. So sind etwa Alte Rosen hart im Nehmen und in puncto Winterhärte und Langlebigkeit kaum zu schlagen. Die üppige Blütenfülle und ihr besonderer Duft entschädigen für die einmalige Blüte.

ROSEN-PORTRÄTS

Meilland 2000
Duftfestival

WUCHSHÖHE 0,6–0,8 m | **BLÜTEZEIT** Mai–Oktober | **GRUPPE** Edelrose/Teehybride

Die frühblühende, wunderschöne Schnittrose öffnet sich edelrosenartig. Voll erblüht zeigt sie große, rosettenförmige Blüten im Stil Alter Rosen mit bis zu 60 Blütenblättern in samtig-dunkelrotem Farbton. Der Wuchs ist kräftig und buschig mit je einer Blüte pro Stiel, das dichte Laub dunkelgrün und leicht glänzend.

Duft 'Duftfestival' ist eine Rose mit einem überragenden, sehr verführerischen, warmen Duft nach Alten Rosen, der durch eine intensive Damaszenernote ergänzt wird.

Boden/Standort Sie braucht guten, humosen Boden und eine leichte Beschattung über Mittag, damit die Blüten nicht verbrennen.

Pflege/Schnitt Wie Beetrosen im Frühjahr stark zurückschneiden und düngen, zum Ende der ersten Blüte ein zweites Mal düngen. Eine Gabe Kalimagnesium im August erhöht die Frosthärte, im Winter anhäufeln.

Gesundheit Die robuste Rose ist relativ frosthart, regenfest, hitzeverträglich und gesund. Winterschutz ist in rauen Lagen jedoch ratsam.

Gestaltung In Dreiergruppen oder zu fünft pflanzen, dazu passen Edelrosen in Creme- und Milchweiß oder in zartem Rosa. Die nostalgische Rose passt in Form und Farbe gut zu Alten Rosen. Weil sie niedrig bleibt, ist sie auch gut für die Topfkultur geeignet. Zur Verbesserung der Gesundheit und zur Duftergänzung profitiert die Rose von der Gesellschaft mit Lavendel, Eberraute, Thymian und anderen Kräutern. Auch die niedrig bleibende Ananasminze *Mentha* x *suaveolens* 'Variegata' mit weiß gerandeten Blättern oder die gelb panaschierte Ingwerminze *Mentha* x *gentilis* passen gut. Beide wachsen nicht so wuchernd wie andere Minzen. Eine in der Farbe und dem Duft raffinierte Ergänzung ist die Weinraute *Ruta graveolens* 'Jackman's Blue' mit dekorativem graublauem Laub und dem exotischen Duft nach Kokosnuss. Wenn es ganz edel aussehen soll, sind Stauden mit silbrigen Blättern als Begleitpflanzen die richtige Wahl. Achten Sie bei allen Begleitpflanzen immer auf einen ausreichenden Abstand zu den Rosen, der im Idealfall 50 cm betragen sollte. Der Vorteil: Die Rosen werden nicht bedrängt und Kräuter und Stauden von dem ausgebrachten Rosendünger nicht zu sehr angetrieben. Für Pflanzen, die eher magere Böden lieben, die Erde zusätzlich mit Sand abmagern.

Weitere Sorten 'Duftfestival' wurde in Baden-Baden 1999 noch vor ihrer Einführung als beste Duftrose ausgezeichnet. Die Schwesternrose 'Mainauduft' vom gleichen Züchter duftet ähnlich intensiv nach Alten Rosen mit einem Hauch von Himbeeren. Sie ist etwas heller im Farbton.

Besonderheiten Von dunkelroten Rosen erwartet man automatisch einen schweren, berauschenden Duft und wird doch oft enttäuscht. Erfüllt werden diese Erwartungen von den klassischen Teehybriden 'Crimson Glory' und 'Papa Meilland'. Sie sind heute noch erhältlich, brauchen aber eine gute Pflege. Die neueren Züchtungen 'Oklahoma' und 'Barkarole' zeigen ebenfalls diesen typischen Rosenduft, er ist allerdings weniger stark ausgeprägt als der herrliche Duft von 'Duftfestival'. Für Duftliebhaber mit einer Vorliebe für rote Rosen ist diese Rose deshalb ein absolutes Muss!

Verwendung Durch den wunderbaren Duft und die intensive Farbe ist diese Rose für viele Rosenrezepte wie geschaffen. Ernten Sie die Blüten aber nicht an regnerischen Tagen, dann entwickelt sich weniger Duft.

Schwimmrosen

SCHWIMMENDE ROSENBLÜTEN sind für Rosenfeste mit orientalischem Flair eine traumhafte Deko und an heißen Tagen ein erfrischender Anblick. Dazu schneidet man die Rosen kurz hinter der Blüte ab und legt sie in eine flache, mit Wasser gefüllte Schale. Für den Abend wird's noch romantischer mit dazu passenden Schwimmkerzen. Auch Springbrunnen und Vogeltränken im Garten sehen mit diesen »Seerosen« sehr schön aus. In arabischen Ländern werden schon von alters her die Gäste so festlich empfangen. Etwas Rosenwasser im Wasser verstärkt den Duft.

ROSEN-PORTRÄTS

Persien vor 1880
Rose de Resht

WUCHSHÖHE bis 1,2 m | **BLÜTEZEIT** Mai/Juni bis Herbst | **GRUPPE** Damaszenerrose

Diese Rose blüht mehrmals mit kleinen Pausen. Die rosettenförmigen, dichtgefüllten Blüten sind leuchtend fuchsienfarbig, im Verblühen verfärben sie sich lila. Sie sitzen direkt über dem Laub. Der Wuchs ist aufrecht und kompakt, die Triebe dicht bestachelt, das Laub dunkelgrün und robust.

Duft Damaszenerduft mit leicht herber Note.
Boden/Standort Braucht guten, humosen Boden.
Pflege/Schnitt Im Frühjahr um ein Drittel zurückschneiden. Zum Ende der ersten Blüte nochmals düngen und bei Trockenheit wässern.
Gesundheit Die Rose bleibt bei guter Pflege gesund, sie ist sehr frosthart und regenfest. An den älteren Trieben ist Sternrußtau möglich, deshalb sollten sie bis zur Basis entfernt werden. Die absolut frosthart Rose ist eine pflegeleichte Stammrose, sie braucht keinen Winterschutz.
Gestaltung Als Solitär, Hecke und als Hochstamm.

Rosenbowle

6–8 Duftrosen, 2 EL Zucker, 1 kl. Glas Weinbrand, 2 Flaschen trockener Weißwein, 1 Flasche Sekt
Von den Blüten den hellen Blütenboden abschneiden, mit Zucker bestreuen, mit Weinbrand und 1/2 Flasche Wein 1–2 Std. ziehen lassen, dann absieben. Zum Servieren mit Wein und Sekt aufgießen und mit frischen Rosenblüten garnieren.

☀ sonnig   ◐ halbschattig

Rosentypischer Duft

Austin 1986
Gertrude Jekyll

WUCHSHÖHE 1,2–1,8 m | **BLÜTEZEIT** Juni bis zum Frost | **GRUPPE** Englische Rose

Diese beliebte Rose ist sehr reich- und frühblühend. Ihre nostalgischen Blüten in leuchtendem Rosa mit aufhellendem Rand sind groß und gefüllt. Der Wuchs ist aufrecht und buschig, das dichte Laub graugrün und matt.
Duft Die Blüten verströmen einen intensiven Rosenduft, der an Damaszenerrosen erinnert.
Boden/Standort Braucht guten, humosen Boden.
Pflege und Schnitt Im Frühjahr um ein bis zwei Drittel zurückschneiden, zum Ende der ersten Blütezeit ein zweites Mal düngen.
Gesundheit Robuste und relativ winterharte Rose. Sternrußtau an nicht optimalen Standorten möglich.
Gestaltung Wie viele Englische Rosen kann sie als kleine Kletterrose oder Topfrose verwendet werden.
Besonderheiten Ein Elternteil von 'Gertrude Jekyll' ist die Portlandrose 'Comte de Chambord'. Von ihr hat sie den wundervollen Damaszenerduft geerbt.

Tantau 2005
Heidi Klum

WUCHSHÖHE 0,5 m | **BLÜTEZEIT** Juni–November | **GRUPPE** Patio/Zwergrose

Ihre großen, intensiv violetten Blüten sind altmodisch gewirbelt. Die dichtgefüllte, wunderschöne Schnittrose blüht sehr reich. Der Wuchs ist aufrecht und buschig, das Laub glänzend und dunkelgrün.
Duft Die Blüten duften stark und berauschend mit einer frischen zitronigen Note.
Boden/Standort Wie alle Teehybriden braucht diese Rose einen humosen Boden.
Pflege und Schnitt Im Frühjahr auf drei bis fünf Augen zurückschneiden und düngen, zum Ende der ersten Blüte ein zweites Mal düngen.
Gesundheit Die gesunde Rose ist frosthart.
Gestaltung In kleinen Gruppen gut als Vorpflanzung und für Töpfe geeignet.
Besonderheiten Farbe und Duft hat sie von den Eltern 'Old Port' und 'Barkarole' geerbt. Im Stammbaum finden sich die Duftrosen 'Crimson Glory' und 'Erotika'. Taufpatin ist das Top-Model Heidi Klum.

einmalblühend   remontierend   öfterblühend   gute Schnittblume

ROSEN-PORTRÄTS

Margottin 1851
Louise Odier

WUCHSHÖHE 1,5–1,8 m | **BLÜTEZEIT** Juni–Oktober | **GRUPPE** Bourbonrose

Die öfterblühende Rose blüht besonders reich und ausdauernd. Die perfekt geformten, leuchtend rosa Blüten mit einem Hauch von Lila sind dichtgefüllt und geviertelt. Sie sind sehr haltbar, auch in der Vase. Der Wuchs ist buschig, mit überhängenden Trieben, das Laub mattgrün.
Duft Der intensive, rosentypische Duft erinnert an Damaszenerrosen, ist aber weicher und mehr pudrig.
Boden/Standort Einen luftigen Standort mit leichtem Schatten verträgt sie besser als heiße Lagen.
Pflege/Schnitt Die Rose braucht keinen Schnitt, Verblühtes regelmäßig ausschneiden, zum Ende der ersten Blüte nochmals düngen.
Gesundheit Sie ist robust und frosthart. Wegen ihrer Anfälligkeit für Sternrußtau luftig pflanzen.
Gestaltung 'Louise Odier' kann als kleine Kletterrose gezogen werden und ist gut für Spaliere, Wände und Obelisken geeignet.

Garçon 1881
Madame Isaac Pereire

WUCHSHÖHE bis 2 m | **BLÜTEZEIT** Juni–Oktober | **GRUPPE** Bourbonrose

Eine der schönsten Duftrosen in leuchtendem Karmin-Rosarot. Die nostalgisch gewirbelten Blüten sind in üppigen Büscheln angeordnet, die wegen ihrer Größe und Schwere leicht überhängen. Der Wuchs ist kräftig aufrecht, das Laub dunkelgrün.
Duft Die Blüten duften köstlich und schwer, mit einem Hauch von Himbeere und Pfeffer.
Boden/Standort Für üppige Blütenpracht braucht die wuchsfreudige Rose guten, humosen Boden.
Pflege/Schnitt Im Frühjahr um ein Drittel zurückschneiden und düngen, zum Ende der Blütezeit nochmals düngen. Verblühtes ausschneiden.
Gesundheit Die Rose ist anfällig für Sternrußtau. Sie gilt als »Liebhaberrose«, die gute Pflege benötigt. In extremen Wintern nicht ganz frosthart. Winterschutz ist ratsam.
Gestaltung Wegen ihres wundervollen Dufts ist sie ideal in der Nähe eines Sitzplatzes.

Rosentypischer Duft

Kordes 1986
Rosenresli

WUCHSHÖHE 1,5 m | **BLÜTEZEIT** Juni–Oktober
GRUPPE Moderne Strauchrose

Die edlen Blüten zeigen ein schönes Farbspiel von Orangerosa bis Karminrot, sie erscheinen einzeln und in kleinen Büscheln. Die Blüten halten lange, auch in der Vase. Der Wuchs ist stark und breitbuschig, mit bogig überhängenden Trieben. Das Laub ist dunkelgrün und glänzend.
Duft Die Blüten duften intensiv nach Teerose.
Boden/Standort Diese starkwüchsige Rose ist auch für Halbschatten geeignet.
Pflege/Schnitt Um ein bis zwei Drittel im Frühjahr zurückschneiden und düngen, zum Ende der Blütezeit nochmals düngen.
Gesundheit Die Resistenz gegen Sternrußtau ist sehr gut, sie ist regenfest und hitzebeständig, aber nicht überall winterhart. Winterschutz ist ratsam.
Gestaltung 'Rosenresli' kann auch als kleine Kletterrose gezogen werden. Mit ihrer leuchtenden Farbe schön als Solitär an einem Blickpunkt.

Lacharme 1865
Souvenir du Docteur Jamain

WUCHSHÖHE bis 1,8 m | **BLÜTEZEIT** Juni–Oktober | **GRUPPE** Remontantrose

Die wunderschöne, dunkelviolette Rose blüht sehr reich im Juni und mit einer Nachblüte im Herbst. Die mittelgroßen, rundlichen Blüten sind gut gefüllt, beim Erblühen zeigen sich goldgelbe Staubgefäße. Der Wuchs ist locker und schmal, das Laub mittelgrün und matt, die Triebe sind kaum bestachelt.
Duft Die Blüten duften sehr intensiv, tief und schwer, der Duft erinnert an Damaszenerrosen.
Boden/Standort Die Rose benötigt guten, humosen Boden. Halbschatten ist vorteilhaft, so wird verhindert, dass die dunklen Blüten verbrennen.
Pflege/Schnitt Im Frühjahr um ein Drittel zurückschneiden, Verblühtes regelmäßig entfernen, zum Ende der Blütezeit ein zweites Mal düngen.
Gesundheit Die Rose ist etwas frostempfindlich, deshalb ist Winterschutz ratsam.
Gestaltung 'Souvenir du Docteur Jamain' kann auch als kleine Kletterrose gezogen werden.

einmalblühend | remontierend | öfterblühend | gute Schnittblume

unbekannt, vor 1750

Celsiana

WUCHSHÖHE 1–1,3 m | **BLÜTEZEIT** Juni
GRUPPE Damaszenerrose

Die reichblühende Rose mit duftig leichten Blütenbüscheln in hellem Rosa wirkt sehr anmutig. Die großen, halbgefüllten Blüten öffnen sich weit und zeigen goldgelbe Staubgefäße. Die Blütenblätter sind zart und durchscheinend und erinnern an leicht zerknitterte Seide. Sie wächst buschig, mit weit überhängenden Zweigen. Das graugrüne Laub ist auch nach der Blüte noch attraktiv.
Duft Die Blüten duften intensiv und köstlich süß.
Boden/Standort Die robuste Rose gedeiht auf jedem Boden. Allerdings bleicht die Sonne die Blüten stark aus, deshalb ist ein Standort mit leichtem Schatten ideal. An einem sonnigen Platz duftet sie jedoch stärker.
Pflege/Schnitt Die pflegeleichte Rose braucht keinen Schnitt. Zu lange Triebe können nach der Blüte eingekürzt werden.

Rosenmus

350 g Rosenblüten, 200 g Gelierzucker
Rosen entblättern, den bitteren Blütenansatz abschneiden, zusammen mit Gelierzucker pürieren. Tipp: 1/2 l Rosenmus mit 1 kg Gelierzucker und dem Saft von 5 Zitronen (oder mit 1/2 l Wein oder Champagner) zu Konfitüre verarbeiten oder zum Aromatisieren von Eis, Fruchtsaucen und Desserts verwenden. Das Mus kann auch für den späteren Gebrauch eingefroren werden.

Lieblicher, blumiger, süßer Duft

DAMASZENERROSEN Die Rosen mit ihren seidigen, wunderbar duftenden Blütenblättern eignen sich gut für kulinarische Experimente, z. B. für Rosenmus als Basisprodukt für viele Leckereien.

ROSENEIS ist ein erfrischendes Dessert mit einem ganz besonderen Aroma. Besonders delikat schmeckt es mit Beerenfrüchten, Mangosauce und einer kandierten Rose angerichtet.

Gesundheit Sie ist sehr gesund und frosthart. Rosenrost kann vorkommen, schadet aber der Vitalität dieser Rose nicht.

Gestaltung 'Celsiana' passt sehr gut in naturnahe Gärten, als Solitär oder in Gruppen mit anderen Alten Rosen. Sie benötigt keine Unterpflanzung, das Laubwerk deckt den Boden gut ab.

Weitere Sorten Damaszenerrosen wurden vermutlich schon vor unserer Zeitrechnung im Mittelmeerraum kultiviert. Gut haltbar, auch in der Vase, sind die reinrosa Blüten der Damaszenerrose 'Ispahan'. Die lange Blütezeit von acht Wochen macht diese schöne Rose noch begehrenswerter. Für kleine Gärten eignet sich die reizende 'Félicité Parmentier' (→ Seite 41) sehr gut.

Besonderheiten Damaszenerrosen sind neben den Zentifolien die besten Rosen für süße Rezepte. Die Blätter sind sehr zart, sodass sie sich gut für Konfitüre eignen. Sie zergehen fast auf der Zunge.

Ihr süßer Geschmack mit würzig aromatischer Note wurde schon in den vergangenen Jahrhunderten für Süßspeisen geschätzt. In arabischen Ländern spielen Damaszenerrosen in der Küche und Kosmetik noch heute eine große Rolle.

Roseneis

3 Eigelb, 80 g Zucker, 3/8 l Sahne, 1 EL Rosenwasser (→ Seite 14), 1 EL Rosensirup (→ Seite 14), 1 EL Rosenmus (→ links)

Eigelb mit Zucker schaumig schlagen, die Sahne und die übrigen Zutaten unterrühren und alles gut vermischen. Für ungefähr 30 Minuten in die Eismaschine geben. Mit Beerenfrüchten, Fruchtsauce und kandierten Blütenblättern auf Tellern anrichten und mit einer Rose dekorieren.

einmalblühend   remontierend   öfterblühend   gute Schnittblume

ROSEN-PORTRÄTS

unbekannt, vor 1860
Fantin Latour

WUCHSHÖHE bis 1,8 m | **BLÜTEZEIT** Juni–Juli
GRUPPE Zentifolie

Die rundlichen Schalenblüten sind typische, dichtgefüllte Zentifolienblüten in zartem Rosa mit dunkler Mitte. Die äußeren Blütenblätter rollen sich zurück und zeigen ein Knopfauge. Der Wuchs ist locker und breit, die wenig bestachelten Triebe hängen bogenförmig über. Das Laub ist mattgrün.
Duft Feiner, lieblicher Duft, leicht herbe Note.
Boden/Standort Die Rose toleriert auch ärmere Böden. Sie wächst besser im Halbschatten statt in der Sonne, dort verblassen die Blüten schneller.
Pflege/Schnitt Sie benötigt keinen Schnitt. Ein Formschnitt nach der Blüte kann sinnvoll sein.
Gesundheit Sehr frosthart, für raue Lagen.
Gestaltung Geeignet als Solitär oder Kletterrose. Auch für höhere Rosenhecken mit anderen Alten Rosen, die für eine seitliche Stütze sorgen können.
Verwendung Zentifolien mit ihren zarten Blütenblättern und dem würzigen und leicht süßen Geschmack sind die idealen Küchenrosen.

Rosenkuchen

Kleine Kuchen oder Muffins können Sie, solange sie noch lauwarm sind, mit Rosengelee (→ Seite 14) bestreichen. Dazu erwärmen Sie das Gelee zusammen mit einem Schuss Zitronensaft und bestreichen die Küchlein damit. Ganz besonders köstlich schmecken sie mit frischen Himbeeren und Schlagsahne.

sonnig   halbschattig

Lieblicher, blumiger, süßer Duft

Boll/Boyan 1859
Madame Boll

WUCHSHÖHE 1–1,2 m | **BLÜTEZEIT** Juni–Dezember | **GRUPPE** Portlandrose

Die großen, dichtgefüllten Blüten sind schön geviertelt, sie rollen sich beim Aufblühen etwas zurück. Die Blüten sitzen – wie bei allen Portlandrosen – in Büscheln mit kurzen Stielen direkt über dem Laub. Sie sind kräftig rosa mit einem Hauch von Flieder, am Rand etwas heller. Der Wuchs ist aufrecht, kompakt und rundlich, das dichte Laub hell- bis mittelgrün.
Duft Die Blüten duften betörend süß.
Boden/Standort Die Rose toleriert auch arme Böden.

Pflege/Schnitt Im Frühjahr um ein Drittel zurückschneiden und düngen, Verblühtes im Sommer regelmäßig ausschneiden, zum Ende der ersten Blüte ein zweites Mal düngen. Kalimagnesium im Frühjahr vermindert das Verkleben der Blüten bei Regen.
Gesundheit Die Rose ist sehr robust, gesund und frosthart, allerdings etwas regenempfindlich.
Gestaltung Zusammen mit anderen Portlandrosen eignet sie sich für niedrige, pflegeleichte Rosenhecken, als Solitär im Rosenbeet und für kleine Gruppen. Als farbliche Ergänzung passen alle blaustichigen Rosatöne, blau und lila blühende Stauden und Sommerblumen. Eine würzige Duftergänzung sind *Mentha piperita* 'Chocolate', Majoran mit seiner blumig-würzigen Note und dem holzigen Basiston, das balsamisch-würzige Marienblatt mit Minzearoma, die nach Kokosnuss duftende Weinraute und die aromatische Römische Kamille (→ Seite 13).
Weitere Sorten Portlandrosen sind ideal für kleine Gärten. Alle sind sehr frosthart, gesund, bleiben kompakt und blühen bis zum Herbst: Dazu gehören die purpurrote 'Indigo' und 'Rose du Roi', mit Blüten in Rosa 'Madame Knorr', 'Jaques Cartier' und 'Duchesse de Rohan'.

Rosenaufguss für das Bad

10 duftende Rosen, 1 l Wasser
Die Rosen entblättern und mit dem Wasser übergießen, aufkochen und 1/2 Stunde auf kleiner Flamme köcheln lassen. Absieben, dabei die Rosen gut ausdrücken und den Aufguss in das heiße Badewasser geben.
Für den optimalen Luxuseffekt: Zusätzlich frische Rosenblüten ins Badewasser geben.

ROSEN-PORTRÄTS

Tantau 1945
Direktor Benschop

WUCHSHÖHE 4–6 m | **BLÜTEZEIT** Juni–Juli
GRUPPE Kletterrose/Rambler

Die lange und reich blühende Rose bringt später noch vereinzelte Nachblüten hervor. Die Blüten sind von besonderer Schönheit: Zartgelbe, edelrosenähnliche Knospen entwickeln sich zu rahmweißen, flachen Blüten mit goldgelben Staubgefäßen. Der Wuchs ist stark, das schöne Laub dunkelgrün und glänzend, die Triebe stark bestachelt.
Duft Süßer, blumiger Duft nach Maiglöckchen und Lilien, mit leichter Mandelnote sich verströmend.
Boden/Standort Verträgt Halbschatten.
Pflege/Schnitt Verblühtes ausschneiden, um die Nachblüte zu fördern.
Gesundheit Die Triebe sind etwas frostempfindlich, Winterschutz ist in rauen Lagen ratsam.
Gestaltung Die wüchsige Rose eignet sich für Wände und Spaliere, Rosenbogen und Pergola.
Besonderheiten Im Handel ist die fast vergessene Rose auch als 'City of York' erhältlich.

Pemberton 1928
Felicia

WUCHSHÖHE 1,5 m und mehr | **BLÜTEZEIT** Juni–Oktober | **GRUPPE** Moschatarose

Die locker gefüllten Blüten in zartem Lachsrosa verblassen später zu fast Weiß. Der Wuchs ist breitbuschig, mit langen stachellosen Trieben, das Laub dunkelgrün und leicht glänzend.
Duft Sie duftet intensiv süß und verströmend, mit einer leichten, warmen Moschusnote.
Boden/Standort Verträgt Halbschatten.
Pflege/Schnitt Ein Schnitt ist nicht unbedingt notwendig, Verblühtes regelmäßig entfernen.
Gesundheit In rauen Lagen ist Winterschutz ratsam, treibt aber nach Frostschäden wieder aus.
Gestaltung Lässt sich auch als kleine Kletterrose ziehen. Die zarte Farbe passt gut zu Alten Rosen.
Weitere Sorten Aus der Gruppe der Moschatarosen sind auch 'Pax', 'Penelope' und 'Cornelia' zu empfehlen. Alle blühen im Herbst noch einmal besonders üppig und haben den typischen, weichen Rosenduft mit einem Hauch von Moschus.

Lieblicher, blumiger, süßer Duft

unbekannt, vor 1836
Félicité Parmentier

WUCHSHÖHE bis 1,2 m | **BLÜTEZEIT** Juni/Juli
GRUPPE Albarose

Die sehr reich blühende Rose blüht bis zu sechs Wochen lang. Die zartrosa Blüten mit dunklerer Mitte sind groß und sehr dicht gefüllt und hellen später perlweiß auf. Beim Erblühen zeigt sich ein grünes Knopfauge. Der Wuchs ist aufrecht und breitbuschig, das Laub graugrün.
Duft Die Blüten duften intensiv und süß.
Boden/Standort Pflegeleicht und für ärmere Böden geeignet; wächst auch im Halbschatten.
Pflege/Schnitt Sie benötigt keinen Schnitt, nur einmal im Frühjahr düngen.
Gesundheit Die robuste kleine Rose ist gesund und sehr frosthart.
Gestaltung 'Félicité Parmentier' ist wegen ihrer geringen Größe ideal für kleine Gärten.
Weitere Sorten Mit der karminrosa blühenden 'Königin von Dänemark' gehört sie zu den am stärksten duftenden Albarosen.

unbekannt, vor 1500
Great Maiden's Blush

WUCHSHÖHE bis 2 m | **BLÜTEZEIT** Juni
GRUPPE Albarose

Eine überreich blühende Rose, die schon seit 500 Jahren bekannt ist. Die großen, dichtgefüllten Blüten in Zartrosa hellen zu Blassrosa auf. Der Wuchs ist stark und buschig, mit überhängenden, wenig bestachelten Trieben, das Laub ist graugrün.
Duft Duftet lieblich-süß und leicht würzig.
Boden/Standort Auch für raue Lagen geeignet.
Pflege/Schnitt Die Rose benötigt keinen Schnitt, kann aber nach der Blüte in Form geschnitten werden. Nur einmal im Frühjahr düngen.
Gesundheit Sie ist sehr frosthart und gesund. Rosenrost kann vorkommen, er beeinträchtigt aber nicht die Vitalität und Blütenfülle.
Gestaltung Besonders geeignet für duftende Hecken.
Weitere Sorten Im Handel gibt es auch die kleinere Ausgabe 'Small Maiden's Blush'. Sie bleibt niedriger und blüht nicht so lange.

ROSEN-PORTRÄTS

Milee-Mallet 1860
Reine des Violettes

WUCHSHÖHE 1,5 m und mehr | **BLÜTEZEIT** Juni–Oktober | **GRUPPE** Remontantrose

Die mittelgroßen, gefüllten, später flachen Blüten in samtigem Purpurviolett mit weißen Flecken in der Mitte verblassen im Verblühen zu Violett. Die gevierteilten Blüten zeigen meist ein Knopfauge. Der Wuchs ist kräftig und buschig, mit langen dünnen, kaum bestachelten Trieben, das Laub graugrün.
Duft Die Rose duftet stark und süß, mit einem Hauch von Flieder und Pfeffer.
Boden/Standort Sie braucht guten Boden, um reichlich zu blühen. Leichter Schatten über Mittag ist günstig, damit die Blüten nicht verbrennen.
Pflege/Schnitt Im Frühjahr und zum Ende der ersten Blüte düngen. Verblühtes regelmäßig herausschneiden.
Gesundheit Die robuste Rose ist relativ frosthart. Etwas Sternrußtau kann vorkommen.
Gestaltung Sie kann auch als kleine Kletterrose gezogen werden und wird dann höher als normal.

unbekannt, vor 1750
Suaveolens

WUCHSHÖHE 1,5–2 m | **BLÜTEZEIT** Juni/Juli | **GRUPPE** Albarose

Die überreich blühende, anmutige Rose ist dicht besetzt mit halbgefüllten Blüten in Milchweiß mit goldgelben Staubgefäßen. Der Wuchs ist stark und aufrecht, mit bogig überhängenden Zweigen. Das schöne Laub ist graugrün, die länglichen Hagebutten sind lackrot.
Duft Die Blüten verströmen einen frischen, lieblichen Duft mit einem Hauch von Lindenblüten.
Boden/Standort Die pflegeleichte Rose wächst auch im Halbschatten; für raue Lagen geeignet.
Pflege/Schnitt Nur einmal im Frühjahr düngen, ein Schnitt ist nicht notwendig.
Gesundheit Sie ist robust und sehr frosthart. Rosenrost kann vorkommen, schadet aber nicht.
Gestaltung Der beste Platz ist im Hintergrund einer Rabatte.
Besonderheiten 'Suaveolens' wuchs früher häufig in vielen Bauerngärten.

☀ sonnig   ☽ halbschattig

Lieblicher, blumiger, süßer Duft

Schmidt 1909
Veilchenblau

WUCHSHÖHE 5 m und mehr | **BLÜTEZEIT** Mai–Oktober | **GRUPPE** Rambler

Die kleinen, einfach bis leicht gefüllten Blüten in großen Büscheln wirken meist etwas zerzaust. Sie öffnen sich in Purpurviolett mit weißem Auge und verändern sich im Verblühen zu Lilagrau. Der Wuchs ist kräftig mit langen, weit überhängenden Trieben, die fast stachellos sind. Das Laub ist hellgrün.
Duft Der süße, fruchtige Duft nach Lindenblüten und Veilchen ist hauptsächlich in der Luft wahrnehmbar, die Blüten duften kaum.
Boden/Standort Auch für Halbschatten.
Pflege/Schnitt Nur einmal im Frühjahr düngen. Sie benötigt keinen Schnitt, störende Zweige nach der Blüte bis zur Basis zurückschneiden.
Gesundheit Sehr gesund und frosthart. An zu trockenen Standorten kann Mehltau auftreten.
Weitere Sorten Fruchtig-blumig duften auch die Rambler 'Donau', mit Blüten im gleichen Farbton und 'Hermann Schmidt' mit Blüten in Lilarosa.

Kordes 1969
Westerland

WUCHSHÖHE 1,5–2 m | **BLÜTEZEIT** Mai/Juni–Oktober | **GRUPPE** Moderne Strauchrose

Die großen, halbgefüllten Blüten zeigen ein schönes Farbspiel. Das zuerst leuchtende Kupfer-Orange verblasst beim Erblühen zu einem milderen Apricot-Rosa. Der Wuchs ist kräftig, aufrecht und buschig, das Laub stark glänzend.
Duft Sie duftet intensiv und fruchtig-frisch mit blumigen Nuancen.
Boden/Standort Die Rose gedeiht auch im Halbschatten, blüht dann aber nicht so reich.
Pflege/Schnitt Ein Rückschnitt um ein bis zwei Drittel im Frühjahr hält den Strauch gut in Form, zum Ende der ersten Blüte nochmals düngen.
Gesundheit Die regenfeste und hitzeverträgliche Rose ist robust, relativ winterhart und normal gesund, Sternrußtau kann vorkommen.
Gestaltung 'Westerland' harmoniert gut mit violett und goldgelb blühenden Rosen. Kann auch als Kletterrose wachsen und wird dann höher als normal.

einmalblühend   remontierend   öfterblühend   gute Schnittblume

ROSEN-PORTRÄTS

Austin 1983
Graham Thomas

WUCHSHÖHE 1–1,5 m | **BLÜTEZEIT** Juni–November | **GRUPPE** Englische Rose

Diese reich und lange blühende Rose mit herrlichen Blüten in warmem Bernsteingelb hellt im Verblühen auf. Die Blüten wachsen in Büscheln und sind groß, dichtgefüllt und becherförmig. Der Wuchs ist aufrecht und buschig mit bogig überhängenden Zweigen, die Blätter sind hellgrün und glänzend.

Duft Sie duftet stark nach Teerose mit fruchtigen und holzigen Nuancen.

Boden/Standort Auch für arme Böden geeignet.

Pflege/Schnitt Im Frühjahr um ein bis zwei Drittel zurückschneiden und düngen, zum Ende der ersten

---

Rosen-Lavendel-Potpourri

TROCKENE ZUBEREITUNG

100 g duftende Rosenblüten, 25 g Lavendelblüten, 25 g gemahlene Iriswurzel (Apotheke), 1 TL Zimt, 1/2 TL gemahlene Nelken, 1/2 TL ganze Nelken, 3 Tropfen Vanilleöl, 5 Tropfen Rosenöl, 3 Tropfen Jasminöl, Garnitur: Zimtstangen, Nelken, getrocknete Blüten

Frisch aufgeblühte, entblätterte Rosen- und Lavendelblüten im Schatten trocknen lassen. Mit den Gewürzen vermischen und die ätherischen Öle zugeben. Im verschlossenen Glas vier Wochen ziehen lassen. In eine Schale füllen und mit ganzen Blüten und Gewürzen dekorieren.

Mein Tipp: Frischen Sie nicht mehr duftendes Potpourri mit einem Schuss Weinbrand auf.

FARBENSPIEL Im Aufblühen ist die Blüte leuchtend gelb, später verblasst sie zu einem hellen Ton.

DUFTPOTPOURRI Mit einer Mischung aus Rosenblüten, Kräutern und Gewürzen lässt sich Rosenduft wunderbar für den Winter konservieren.

Blüte nochmals düngen. Eventuell alle drei Jahre im Winter mit gut abgelagertem Mist abdecken.
Gesundheit Diese robuste Rose ist regenfest und relativ frosthart. Sternrußtau kann vorkommen, deshalb sollte man sie unbedingt luftig pflanzen.
Gestaltung 'Graham Thomas' sieht vor einem dunklen Hintergrund besonders wirkungsvoll aus. Sie kann auch als kleine Kletterrose eingesetzt werden und ist außerdem als Stammrose erhältlich. Zu ihrer üppigen Blütenfülle passen vor allem höher wachsende Stauden wie Fingerhut, Rittersporn und Eisenhut. Als sonniger Blickfang kann man sie auch gut mit gelben Stauden Ton in Ton kombinieren, zum Beispiel mit Frauenmantel, Schafgarbe *(Achillea)* 'Moonshine', Färberkamille *(Anthemis tinctoria)* 'Sauce Hollandaise' und Mädchenauge *(Coreopsis verticillata)* 'Moonbeam'. Als Kontrast zu den warmgelben Blüten mit Kupferschein sehen blaue und lilafarbene Astern, wie die dunkelvioletten Sorten 'Veilchenkönigin' und 'Moerheim Gem' oder die sehr lange blühende *Aster x frikartii* 'Wunder von Stäfa' in Hellblau ganz besonders gut aus. Eine sehr gelungene Ergänzung ist auch die robuste Clematis 'Etoile Violette', eine gesunde Viticella-Hybride, die gegen die gefürchtete Welkekrankheit resistent ist.
Besonderheiten Wegen ihrer leuchtenden Blütenfarbe und der zuverlässigen Blüte gehört 'Graham Thomas' mit zu den beliebtesten Englischen Rosen.

Verwendung Rosen-Duftpotpourries nach alten Rezepten lassen sich leicht herstellen. Bei den Grundrezepten gibt es zwei Varianten. Die trockene duftet weniger intensiv, sieht aber dekorativer aus. Die feuchte verbreitet einen intensiveren Duft, wirkt aber nicht so schön. Man füllt sie deshalb besser in Stoffsäcke oder spezielle Potpourri-Behälter mit Deckel. Sie können beide Vorschläge nach Lust und Laune für eine ganz persönliche Mischung abwandeln. Für einen ausgewogenen Duft lassen sich zusätzlich zu Blüten und Gewürzen verschiedene ätherische Öle zufügen: als Kopfnote zum Beispiel Zitrone, Lavendel und Bergamotte, für die Herznote Rosenöl und Rosenholz, als Basisnote Nelken, Vanille, Jasmin und Weihrauch. Ein Akkord aus Rosen und Jasmin ist übrigens der Schwerpunkt der meisten guten, betörend duftenden Parfums.
Gelbe Rosen sollten Sie möglichst schnell trocknen, sie verändern ihre Farbe sonst zu unschönem Gelbbraun. Am besten bleibt die Farbe beim Trocknen in der Mikrowelle erhalten.

Rosen-Vanille-Potpourri

FEUCHTE ZUBEREITUNG

500 g duftende Rosenblüten, 30 g gemahlene Iriswurzel, 50 g grobes Meersalz, 1 TL Zimt, 2 Vanilleschoten

Frische Rosenblüten mit Zimt und Iriswurzel mischen und in ein verschließbares Glasgefäß füllen, dabei schichtweise mit Salz bestreuen. Die aufgeschlitzten, in Stücke geschnittenen Vanillestangen mit hineingeben, einen Monat ziehen lassen. Ab und zu umrühren. In durchbrochene Potpourri-Behälter (Flohmarkt) füllen.

---

 einmalblühend   remontierend   öfterblühend   ✄ gute Schnittblume

Tantau 1999
Augusta Luise

WUCHSHÖHE 70–100 cm | **BLÜTEZEIT** Juni–Oktober | **GRUPPE** Edelrose/Teehybride

Die beliebte, reichblühende Rose bezaubert durch ein wunderschönes Farbspiel zwischen den dezenten Farbtönen Pfirsich und Champagner-Rosé. Die romantischen Blüten sind üppig, auffällig groß und dichtgefüllt. Sie sind sehr lange haltbar, auch in der Vase. Der Wuchs ist hoch und aufrecht, das Laub dunkelgrün.
Duft Die Blüten verströmen einen sehr intensiven, fruchtig-süßen Duft.
Boden/Standort Die Rose ist dankbar für einen guten humosen Boden.
Pflege/Schnitt Sie kann wie Beetrosen im Frühjahr stark zurückgeschnitten werden, als Solitär wie Strauchrosen schneiden. Kalimagnesium im August erhöht die Winterhärte, im Winter besser anhäufeln. Zum Ende der Blüte ein zweites Mal düngen.
Gesundheit Die Rose ist regenfest, hitzeverträglich und normal gesund.
Gestaltung 'Augusta Luise' ist gut geeignet für gemischte Rosen- und Staudenbeete. Teehybriden zeigen eine bessere Gesundheit, wenn sie mit Stauden, Sommerblumen und Kräutern zusammen wachsen. Passende Begleiter sind Blumen in Pastelltönen. Ein Kranz von Kräutern wie Polsterthymian, Bergminze, Lavendel und als dunkler Kontrast Purpursalbei (*Salvia officinalis* 'Purpurascens') lockern zu steife Rosenbeete auf.
Besonderheiten 'Augusta Luise' gehört zu der Serie »Nostalgische Blütenträume« des Züchters Tantau. Ihr Flair erinnert an den Charme Alter Rosen.

Rosen in der Vase

So halten sich Rosen länger frisch:
ROSEN, die gerade aufgeblüht sind, am frühen Morgen schneiden.
ALLE STIELE schräg anschneiden und die unteren Laubblätter entfernen.
SAUBERE VASEN benutzen, am besten in der Spülmaschine spülen.
HANDWARMES WASSER einfüllen. Ein Frischhaltemittel im Wasser verlängert die Haltbarkeit der Rosen beträchtlich.
DEN STRAUSS nicht in die Sonne stellen. Wenn Sie die Vase des Nachts in einen kühlen Raum bringen, halten die Blüten länger.

Fruchtiger Duft

Austin 2002
Benjamin Britten

WUCHSHÖHE 1,2–1,5 m | **BLÜTEZEIT** Juni–Oktober | **GRUPPE** Englische Rose

Himbeerrot mit einem Hauch von Orange leuchten die großen Blüten, die fast wie Pfingstrosen aussehen. Sie öffnen sich zu einer schalenförmigen Rosette. Der Wuchs ist stark, aufrecht und buschig, das dichte Laub dunkelgrün und glänzend.
Duft Die Blüten duften intensiv fruchtig mit leichten Nuancen von Birne und Wein.
Boden/Standort Wie alle Englischen Rosen braucht diese Rose einen guten humosen Boden. Sie ist auch für Halbschatten geeignet.
Pflege/Schnitt Im Frühjahr um ein bis zwei Drittel zurückschneiden und düngen, zum Ende der ersten Blüte nochmals düngen. Eine Mistgabe alle drei Jahre fördert die Blühfreudigkeit.
Gesundheit Die robuste Rose ist resistent gegen Krankheiten, regenfest, hitzebeständig und relativ frosthart.
Gestaltung Als Solitär oder in kleinen Gruppen pflanzen, zum Beispiel zusammen mit anderen Englischen Rosen in Gelb- und Lachstönen.
Weitere Sorten Fruchtig duften auch die apricotfarbenen Englischen Rosen 'Sweet Juliet' mit einer kühlen Zitrusnote und 'Evelyn', die köstlich rosig riecht, mit feinen Nuancen von Pfirsich und Aprikose.
Verwendung Dank ihres frischen Dufts eignet sich diese Rose für viele verschiedene Verwendungszwecke. Wegen ihrer leuchtenden Farbe ist sie zusammen mit gelben und roten Rosen eine ideale Zutat für Duftpotpourris. Entspannend und harmonisierend wirkt ein Bad mit Rosen-Aufguss (→ Seite 39), besonders gut tut dabei ein duftender Rosentee. Für einen erfrischenden Effekt sorgt danach die pflegende Rosen-Gesichtskompresse.

Rosentee

1 Handvoll ausgezupfter Rosenblüten, 1/2 l Wasser
Die Blüten mit dem kochenden Wasser aufgießen und 10 Minuten ziehen lassen. Heiß mit Honig gesüßt trinken.
TIPP: Den Tee können Sie auch mit getrockneten Blüten zubereiten. Sehr blumig schmeckt eine Mischung aus 150 g Darjeeling First Flush und 50 g Rosenblüten. In einem verschlossenen Glas 3 Wochen stehen lassen. Den Tee wie gewohnt aufbrühen und 3–5 Minuten ziehen lassen.

ROSEN-PORTRÄTS

Austin 1985
Abraham Darby

WUCHSHÖHE 1,5–2 m | **BLÜTEZEIT** Juni–Oktober | **GRUPPE** Englische Rose

Die reichblühende Rose mit großen, dichtgefüllten Blüten in Apricot-Rosa hellt im Verblühen auf. Die Blätter sind dunkelgrün und glänzend, der Wuchs breitbuschig, mit langen bogigen Trieben.
Duft Sie duftet stark fruchtig, mit erfrischend herber Note.
Boden/Standort Wie alle Englischen Rosen braucht sie humosen Boden, um gut zu gedeihen.
Pflege/Schnitt Im Frühjahr und zum Ende der ersten Blütezeit düngen.
Gesundheit Die frostharte Rose ist hitzeverträglich. Sternrußtau kann vorkommen. Zur Vorbeugung einen luftigen Standort wählen und Stickstoffüberdüngung vermeiden. Bei Befall Blätter absammeln, Boden mit Ackerschachtelhalmbrühe desinfizieren.
Gestaltung 'Abraham Darby' kann auch als kleine Kletterrose gezogen werden. Ein Obelisk unterstützt vorteilhaft die hängenden Triebe und Blüten.

Bentall 1939
Buff Beauty

WUCHSHÖHE bis 2 m | **BLÜTEZEIT** Juni–Oktober | **GRUPPE** Moschatarose

Sie blüht überaus üppig im Juni und mit einer zweiten, sehr reichen Blüte im Herbst. Die mittelgroßen, dichtgefüllten Blüten zeigen ein schönes Farbspiel in kräftigem Apricotgelb, das beim Aufblühen langsam verblasst. Der Wuchs ist breitbuschig, mit überhängenden, starren Trieben, das Laub dunkelgrün, im Austrieb rötlich.
Duft Die zauberhafte Rose verströmt einen intensiven Teerosenduft mit fruchtiger Note.
Boden/Standort Die besondere Farbe hält sich besser im Halbschatten als in der Sonne.
Pflege/Schnitt Im Frühjahr um ein Drittel einkürzen, düngen. Verblühtes entfernen, zum Ende der ersten Blüte noch mal düngen, im Winter anhäufeln.
Gesundheit Robust und resistent gegen Krankheiten, in rauen Gegenden benötigt sie Winterschutz.
Besonderheiten 'Buff Beauty' gehört mit zu den schönsten gelben Rosen.

sonnig   halbschattig

Fruchtiger Duft

Delbard 1996
Chartreuse de Parme

WUCHSHÖHE bis 0,9 m | **BLÜTEZEIT** Juni–Oktober | **GRUPPE** Moderne Strauchrose

Große, nostalgisch gefüllte Blüten mit gewirbelter Mitte in warmem Violett. Der Wuchs ist buschig und kompakt, das Blattwerk dunkelgrün.
Duft Der facettenreiche Duft ist fruchtig-süß und verströmend, mit Anklängen an Hyazinthe, Mandarine, Zitrus und exotische Früchte.
Boden/Standort Braucht einen sonnigen Platz, viel Wärme und optimale Düngung. Etwas Schatten über Mittag verhindert, dass die Blüten verbrennen.
Gesundheit Damit die Rose gesund bleibt, mit den Begleitpflanzen etwas Abstand halten.
Gestaltung Sie wirkt am besten in kleinen Gruppen zu dritt oder fünft. Eine raffinierte Duftergänzung ist die erfrischend nach Minze riechende Bergminze *(Calamintha nepetoides)*.
Besonderheiten 'Chartreuse de Parme' gehört zur Serie »Souvenir d'Amour« des französischen Züchters Delbard. Erhielt 1996 den »Prix du Parfum«.

Meilland 1993
Colette

WUCHSHÖHE 1,5–2 m | **BLÜTEZEIT** Juni–Oktober | **GRUPPE** Moderne Strauchrose

Diese Rose blüht sehr reich und ausdauernd. Die rosettenartig gefüllten, mittelgroßen Blüten in Lachsrosa wandeln sich im Verblühen zu Goldbraun. Der Wuchs ist aufrecht und buschig, später leicht überhängend, das Laub mittelgrün und leicht glänzend.
Duft Die Blüten duften fruchtig, mit einer leichten Zitrusnote.
Boden/Standort Braucht humosen Boden und einen sonnigen Standort.
Pflege/Schnitt Im Frühjahr um ein bis zwei Drittel einkürzen, zum Ende der Blütezeit ein zweites Mal düngen.
Gesundheit Die Rose ist gesund, sehr frosthart und regenfest.
Gestaltung 'Colette' kann als kleine Kletterrose gezogen werden oder als Solitär, sie ist auch für Töpfe geeignet.

ROSEN-PORTRÄTS

Tanne 1921
Ferdinand Pichard

WUCHSHÖHE 1,2–1,5 m | **BLÜTEZEIT** Juni–Oktober | **GRUPPE** Remontantrose

Die malerisch gestreiften und marmorierten Blüten in Karminrosa, Blassrosa und Weiß sind groß und dichtgefüllt. Bei Wärme ist die Grundfarbe mehr Rosa statt Weiß. Der Wuchs ist breitbuschig und straff aufrecht, das Laub matt und dunkelgrün.
Duft Fruchtig, zitronig mit leicht herber Note.
Boden/Standort Die gut nachblühende Rose braucht einen humosen Boden.
Pflege/Schnitt Ein Rückschnitt um ein Drittel im Frühjahr fördert die Blütenfülle. Im Frühjahr und zum Ende der ersten Blüte düngen.
Gesundheit Die robuste Rose ist relativ frosthart. Sternrußtau kann vorkommen, deshalb sollte sie möglichst frei und luftig stehen.
Besonderheiten Remontantrosen gelten als das Bindeglied zwischen Alten und modernen Rosen. Sie blühen meist im Juni und bringen später nochmal eine Nachblüte, d. h., sie remontieren.

Austin 1992
Golden Celebration

WUCHSHÖHE bis 1,2 m | **BLÜTEZEIT** Juni–November | **GRUPPE** Englische Rose

Eine der schönsten Englischen Rosen mit prächtigen, großen Blüten in sattem Goldgelb mit Kupferschein, die Blütenblätter sind leicht nach innen gerollt. Der Wuchs ist kräftig, aufrecht und rundbuschig, mit weit überhängenden Trieben, das Laub mittelgrün und glänzend.
Duft Intensiv fruchtig, anfangs nach Teerose, später mit Nuancen von Dessertwein und Erdbeeren.
Boden/Standort Benötigt guten, humosen Boden und einen sonnigen Standort.
Pflege/Schnitt Im Frühjahr um ein bis zwei Drittel zurückschneiden und düngen, zum Ende der ersten Blüte ein zweites Mal düngen.
Gesundheit Die Rose ist robust und gesund.
Gestaltung 'Golden Celebration' kann auch als kleine Kletterrose gezogen werden.
Besonderheiten Blüht sehr verlässlich, gehört zu den besten und gesündesten Englischen Rosen.

Fruchtiger Duft

Austin 1991
The Pilgrim

WUCHSHÖHE bis 1,3 m | **BLÜTEZEIT** Juni–Oktober | **GRUPPE** Englische Rose

Dicht gefältelte, hellgelbe, große Blüten mit dunkler Mitte, die zu flachen Schalen erblühen. Der Wuchs ist stark, aufrecht und verzweigt, das Laub dunkelgrün und glänzend.
Duft Die anmutigen Blüten duften wundervoll fruchtig und frisch, mit einem Hauch von Zitrone.
Boden/Standort Für Sonne und Halbschatten.
Pflege/Schnitt Im Frühjahr um ein bis zwei Drittel zurückschneiden, düngen. Zum Ende der ersten Blüte nochmals düngen. Verblühtes ausschneiden.
Gesundheit Die Rose ist robust und gesund und relativ frosthart.
Gestaltung Am besten als kleine Kletterrose ziehen, sehr schön mit der Ramblerrose 'Veilchenblau'.
Besonderheiten 'The Pilgrim' ist eine der besten und gesündesten der Englischen Rosen. Sie wird in Deutschland auch unter dem Namen 'Gartenarchitekt Günther Schulze' angeboten.

Guillot 1998
Versigny

WUCHSHÖHE 1–1,2 m | **BLÜTEZEIT** Juni–Oktober | **GRUPPE** Moderne Strauchrose

Eine reichblühende Rose mit schön geformten, dichtgefüllten, gewirbelten Blüten, die zwischen Apricot und Pfirsich changieren. Der Wuchs ist breitbuschig und kompakt, das Laub dunkelgrün und glänzend.
Duft Sie duftet angenehm fruchtig nach Pfirsich.
Boden/Standort Braucht einen sonnigen Standort und humosen Boden.
Pflege/Schnitt Im Frühjahr um ein bis zwei Drittel zurückschneiden und düngen. Zum Ende der ersten Blüte nochmals düngen.
Gesundheit Die robuste Rose ist sehr gesund.
Gestaltung Schön als Solitär im Beet mit Stauden, die die Blütenfarben wieder aufnehmen. Herb-aromatisches Aroma fügt der lilablaue Ysop hinzu.
Besonderheiten 'Versigny' gehört zur Serie »Rosa Générosa« des Züchters Guillot. Diese Rosen sind den Englischen Rosen sehr ähnlich, bleiben aber handlicher und kompakter.

einmalblühend   remontierend   öfterblühend   gute Schnittblume

Cochet-Cochet 1901
Roseraie de l'Haÿ

WUCHSHÖHE bis 1,8 m | **BLÜTEZEIT** Mai–Oktober | **GRUPPE** Rosa-Rugosa-Hybride

Sie gehört zu den besonders zuverlässig blühenden Rugosa-Hybriden. Große, offene, locker gefüllte Blüten in Purpurrot mit karminroten Schattierungen erscheinen schon ab Mai. Der Wuchs ist buschig, die Stiele stark bestachelt. Das typische, gerunzelte Rugosalaub ist dunkelgrün und sehr dicht. Im Herbst färbt es sich bronzegelb. Hagebutten bildet sie nur selten.

Duft Die Blüten duften intensiv süßlich-würzig, mit einer Note von Honig und Gewürznelke.

Boden/Standort Die robuste Rose ist auch für ärmere Böden geeignet. Der pH-Wert sollte unter 6 liegen, um einer Chlorose vorzubeugen. Sie ist auch für Halbschatten geeignet.

Pflege/Schnitt Diese Rose benötigt keinen Schnitt, das Einkürzen der Triebe im Frühjahr kann aber die Blütenfülle erhöhen. Ältere Äste regelmäßig entfernen, damit sich der Strauch aus der Basis verjüngt.

Gesundheit Wie alle Rugosarosen ist sie vollkommen resistent gegen Pilzkrankheiten. Auch von tierischen Schädlingen wird sie gemieden. Sie ist sehr winterhart.

Gestaltung 'Roseraie de l'Haÿ' eignet sich zusammen mit anderen höher wachsenden Wildrosen und Rugosasorten für dichte Schutzhecken. Weißblühende Rugosa-Hybriden bilden einen schönen Kontrast. Achten Sie bei der Auswahl auf Hagebutten bildende Rosen für einen schönen Herbsteffekt.

Würziger, balsamischer Duft

RUGOSAROSEN Mit ihren gelben Blüten bringen Rugosarosen wie die 'Gelbe Dagmar Hastrup' eine erfrischende Abwechslung in eine Wildrosenhecke in Rosa- und Lilatönen.

ROSENTRÜFFEL werden mit Rosenwasser aromatisiert und mit Rosenblüten serviert. Sie sind als kleine Nascherei beliebt oder auch als erlesenes Geschenk willkommen.

Weitere Sorten Viele Rugosarosen haben einen schweren Damaszenerduft vermischt mit Gewürznelken. Die Klassiker 'Parfum de l'Haÿ' und 'Hansa', letztere kann 2 m und noch höher werden, duften beide sehr stark. Als Vorpflanzung geeignet sind in Karmesin-Purpur 'Rotes Meer' und 'Foxi', je um 1 m hoch. Dunkles Purpur zeigen 'Rotes Phänomen' und 'Basye's Purple'. 'Schneekoppe', 'Blanc Double de Coubert', 'Schneeeule' und 'Lac Majeau' hellen mit weißen Blüten, die 'Gelbe Dagmar Hastrup' und 'Agnes' mit gelben Blüten dunkle Nachbarrosen auf. Fast alle Sorten haben – im Gegensatz zu 'Roseraie de l'Haÿ' – einen guten Hagebuttenansatz. Die Duftnoten variieren den Farben entsprechend.

Verwendung Die dunklen, stark duftenden Rugosablüten eignen sich gut für Rosentrüffel, Rosengelee und andere Rezepte, bei denen eine schöne rubinrote Farbe gewünscht wird. Die großen Hagebutten sind ideal für Mus, Marmelade und Tee.

Rosentrüffel

175 g Schokolade (zartbitter), 2 EL saure Sahne, 1 Eigelb, 1 EL Weinbrand, 1 EL Rosenwasser, Garnitur: 175 g Blockschokolade, kandierte Rosenblüten

Im Wasserbad die Schokolade in der Sahne schmelzen. Eigelb, Weinbrand und Rosenwasser unterrühren. Abkühlen lassen und aus der Masse kleine Kugeln formen. Die Blockschokolade erneut erwärmen. Die Trüffel mit der Schokolade überziehen und mit einer kandierten Rosenblüte verzieren (→ Seite 14). Servieren Sie die Rosentrüffel zum Espresso nach einem festlichen Essen. Tipp: Statt Weinbrand können Sie auch Grappa oder einen Likör verwenden. Noch schneller geht's ohne Schokoladenguss: Die Kugeln in Kokosraspeln, Kakao oder zerkleinerten kandierten Blüten wälzen.

einmalblühend   remontierend   öfterblühend   gute Schnittblume

ROSEN-PORTRÄTS

Austin 1961
Constance Spry

WUCHSHÖHE 2–3 m und mehr | **BLÜTEZEIT** Juni/Juli | **GRUPPE** Englische Rose

Wie kleine Pfingstrosen sehen ihre großen, gefüllten Blüten in weichem Reinrosa aus. Sie blüht nur einmal, aber überreich. Der Wuchs ist stark und sehr ausladend, mit bogig überhängenden Trieben, das Laub ist sehr groß, graugrün und matt, die Triebe sind dicht mit Stacheln besetzt.

Duft Die herrlichen Blüten entwickeln einen warmen, weichen Rosenduft, mit einer herben Note nach Myrrhe und Weihrauch.

Boden/Standort Die robuste Rose ist für raue Lagen geeignet. Sie wächst auch im Halbschatten.

Pflege/Schnitt Schnitt ist nicht notwendig, lediglich störende Triebe kürzt man nach der Blüte ein. Nur einmal im Frühjahr düngen. Wie alle Englischen Rosen ist sie dankbar für eine Abdeckung mit abgelagertem Mist im Winter – aber nicht öfter als alle drei Jahre ausbringen, damit die Rosen nicht überdüngt werden.

Gesundheit Die vitale Rose ist normal gesund und winterhart, Sternrußtau kann vorkommen.

Gestaltung Als Strauch braucht 'Constance Spry' sehr viel Platz. Besser wird sie als Kletterrose für Rosenbogen, Pergola und Wände eingesetzt.

Besonderheiten Mit der heute so beliebten Rose begann der Züchtungserfolg der Englischen Rosen. Leider blüht sie im Gegensatz zu den meisten späteren Züchtungen nur einmal. Sie ist eine Kreuzung zwischen der Gallicarose 'Belle Isis' (→ Seite 56) und der Floribundarose 'Dainty Maid'. Vielen späteren Züchtungen vererbte sie den ungewöhnlichen Myrrheduft von 'Belle Isis'. Diesen speziellen, etwas herben Duft mögen nicht alle. Manche Menschen können ihn allerdings kaum wahrnehmen. Vermutlich sind die Rezeptoren in der Nasenschleimhaut nicht bei allen gleich aufnahmefähig.

Rosenzucker

100 g Rosenblüten, 100 g Zucker, 1 Vanillestange
Von den Rosenblüten die hellen, bitter schmeckenden Blütenansätze abschneiden. Rosenblüten zwei bis drei Tage lang an einem warmen Ort trocknen. Im Mörser fein zerreiben, mit dem Zucker mischen und in ein gut verschließbares Gefäß geben, die aufgeschlitzte Vanillestange hinzufügen. Für Kuchen und Desserts verwenden.

Würziger, balsamischer Duft

Laffay 1863
Henri Martin

WUCHSHÖHE bis 2,5 m | **BLÜTEZEIT** Juni
GRUPPE Alte Rose/ Moosrose

Die blühfreudige und sehr lange blühende Rose gehört zu den besten Moosrosen. Aus rötlichen, mit gelblich-grünem Moos besetzten Knospen entwickeln sich locker gefüllte, kamelienartige Blüten in leuchtendem Karminrot. Die Blüten erscheinen in Büscheln und zeigen aufgeblüht gelbe Staubgefäße. Der Wuchs ist aufrecht und leicht überhängend, das Laub dicht und dunkelgrün. Die orangefarbenen, großen Hagebutten sind bemoost.
Duft Der liebliche Duft erhält durch das nach Pinien duftende Moos eine besondere Note.

Boden/Standort Die Rose wächst am besten auf leicht feuchten, tiefgründigen, humosen Böden. Sie ist auch für Nordlagen geeignet.
Pflege/Schnitt Ein Schnitt ist nicht unbedingt notwendig. Verblühtes nicht ausschneiden, damit sich die schönen Hagebutten bilden können. Nur einmal im Frühjahr düngen.
Gesundheit Die robuste Rose ist widerstandsfähig gegen Krankheiten. Sie ist frosthart und erstaunlich regenfest.
Gestaltung Zusammen mit anderen Alten Rosen in Gruppen, Hecken und in den Hintergrund einer Staudenrabatte pflanzen. In der Nähe eines Weges können die bemoosten Stiele, Knospen und Blüten leichter berührt werden, um den harzigen Wohlgeruch zu genießen. Sie kann auch als Kletterrose gezogen werden.
Besonderheiten Moosrosen sind eine Laune der Natur. Sie sind durch spontane Veränderungen bei *Rosa centifolia* entstanden. Das klebrige Moos, das Knospen und Stiele dekorativ umhüllt, ist mit winzigen Duftdrüsen besetzt und duftet balsamisch-harzig. An sehr heißen Tagen kann über einer Gruppe von Moosrosen ein herrlicher Waldduft nach Pinien in der Luft liegen, vermischt mit dem lieblich-frischen Rosenduft. Das Moos jeder Sorte hat eine individuelle Duftnote, manchmal mit zitronigen Nuancen.
Weitere Sorten Die ursprüngliche und älteste Moosrose 'Muscosa' mit Blüten in hellem Rosa und mit reichbemoosten Knospen gilt allgemein als die schönste. Gut und zuverlässig nachblühend sind 'Salet' und 'James Veitch', die beide um 1 m hoch werden und sich deshalb auch für kleine Gärten eignen. Die Gruppe der Moosrosen ist recht umfangreich und vielgestaltig. Für Liebhaber herber Düfte ein weites Sammlerfeld!

einmalblühend   remontierend   öfterblühend   gute Schnittblume

Parmentier 1845
Belle Isis

WUCHSHÖHE bis 1,2 m | **BLÜTEZEIT** Juni/Juli
GRUPPE Gallicarose

Die für kleine Gärten ideale Rose blüht sehr reich. Die Blüten sind starkgefüllt, aufgeblüht flach und zeigen manchmal ein Knopfauge. Die seidig rosa Blüten mit einem Hauch von Gelb in der Mitte hellen später auf. Der Wuchs ist aufrecht und kompakt, das Laub hellgrün, die Triebe sind stachellos.
Duft Fast wie ein Herrenparfum entwickelt sich ihr Duft: warm, würzig und erdig, mit Myrrhenote und nur wenig Süße.
Boden/Standort Die robuste Rose wächst auch in ungünstigen Lagen und verträgt Halbschatten.
Pflege/Schnitt Sie benötigt keinen Schnitt, nur einmal im Frühjahr düngen.
Gesundheit Wie viele der einmalblühenden Alten Rosen ist sie sehr gesund, pflegeleicht und frosthart.
Besonderheiten 'Belle Isis', die Stammmutter der Englischen Rosen, hat vielen von ihnen ihren herben Myrrheduft vererbt.

Noisette 1817
Blush Noisette

WUCHSHÖHE bis 2,5 m | **BLÜTEZEIT** Juni–Oktober | **GRUPPE** Noisetterose/Rambler

Die kleinen, halbgefüllten Blüten in Zartrosa zeigen mit den dunkelrosa Knospen einen schönen Farbverlauf. Der Wuchs ist kräftig, mit dünnen, bogigen, wenig bestachelten Trieben. Das Laub ist mattgrün und dicht.
Duft Warm und süß nach Moschus, mit einem Hauch von Gewürznelke.
Boden/Standort Für raue Lagen ist diese Rose weniger geeignet.
Pflege/Schnitt Verblühtes regelmäßig ausschneiden, im Frühjahr und zum Ende der ersten Blüte düngen. Im Winter anhäufeln, mit Vlies umhüllen.
Gesundheit Die unermüdlich blühende Rose ist robust und gesund, aber nicht ganz frosthart.
Gestaltung Sie lässt sich als kleine Kletterrose oder als Strauch ziehen.
Besonderheiten Sie gilt in der frostempfindlichen Gruppe der Noisetterosen als relativ frostfest.

Würziger, balsamischer Duft

Meilland/Strobel 1991
Paul Ricard

WUCHSHÖHE 60–70 cm | **BLÜTEZEIT** Juni–Oktober | **GRUPPE** Edelrose/Teehybride

Die reichblühende Rose mit edel geformten, gefüllten Blüten in Bernsteingelb, das zu Rahmgelb verblasst, eignet sich gut zum Schnitt. Der Wuchs ist stark, breitbuschig und gut verzweigt, das Blattwerk mittel- bis dunkelgrün und glänzend.
Duft Duftet stark und würzig, mit einem Hauch Anis.
Boden/Standort Wie alle Teehybriden braucht sie einen guten, humosen Boden.
Pflege/Schnitt Im Frühjahr stark zurückschneiden und düngen, zum Ende der ersten Blüte nochmals düngen. Zur Förderung der Frosthärte im August Kalimagnesium geben, im Winter anhäufeln.
Gesundheit Normal resistent, hitzeverträglich.
Gestaltung Zum Anisaroma passen alle würzig duftenden Kräuter gut.
Besonderheiten 'Paul Ricard' gehört zu der Serie der Provence-Rosen des Züchters Meilland, die alle sehr stark duften.

Bambridge & Harrison 1856
Viridiflora

WUCHSHÖHE 60–80 cm | **BLÜTEZEIT** Mai–November | **GRUPPE** Chinarose/Beetrose

Die grünen, mittelgroßen, gefüllten »Blüten« bestehen aus umgewandelten Blättern, die am Rand leicht gefranst sind. Im Herbst verfärben sie sich zu Bronze-Violett. Der Wuchs ist aufrecht, buschig, das Laub klein und mittelgrün.
Duft Der zarte, würzige Duft hat Anklänge an Zimt, Nelken und Pfeffer.
Boden/Standort Verträgt Halbschatten.
Gesundheit Diese ungewöhnliche Rose ist robust, sehr gesund und frosthart.
Pflege/Schnitt Im Frühjahr um ein Drittel zurückschneiden und düngen, Ende Juni nochmals düngen.
Gestaltung Die »Grüne Rose«, wie sie auch genannt wird, passt gut in den Vordergrund einer Gehölzrabatte.
Besonderheiten 'Viridiflora' ist eine Kuriosität. Für floristische Gestecke und Potpourris ist die lange haltbare Schnittrose sehr gut geeignet.

einmalblühend   remontierend   öfterblühend   gute Schnittblume

BEGRIFFSERKLÄRUNGEN

Albarosen

Rosa alba gilt als alte europäische Garten- oder Naturhybride. Albarosen wachsen vermutlich schon seit der Römerzeit in unseren Gärten. Sie bilden große, sehr frostharte, einmalblühende Sträucher mit Blüten in zartem Rosa und Weiß und eignen sich gut für Halbschatten. Das graugrüne Laub sieht auch nach der Blütezeit noch gut aus.

Alte Rosen

Nach einer Definition der Amerikanischen Rosengesellschaft von 1966 wird eine Rose als Alte Rose bezeichnet, wenn sie zu einer Klasse gehört, die vor der Einführung der ersten Teehybride 'La France' 1867 bestand.

Altes Holz

Mehrjährige Triebe, im Gegensatz zu ein- und zweijährigen Trieben, dem jungen Holz.

Anhäufeln

Abdecken der Basis einer Rose in Höhe von etwa 20 cm mit Erde als Winterschutz.

Art

Systematische Einheit in der Botanik, die sich deutlich von anderen unterscheidet. Eine Gruppe von Arten wird zu einer → Gattung zusammengefasst. Beispiel: *Rosa alba* (Albarose). *Rosa* wird vorangestellt und bezeichnet die Gattung, der zweite Name *alba* die Art. Gattungs- und Artnamen werden immer kursiv geschrieben.

Auge

Wachstumspunkt an den Blattachseln der Triebe, aus dem sich die Blattknospe entwickelt.

Bodenmüdigkeit

Rosen neigen zu Kümmerwuchs, wenn sie an einen Platz gepflanzt werden, auf dem jahrelang Rosen kultiviert wurden. Abhilfe ist durch einen Bodenaktivator oder Bodenaustausch möglich.

Bourbonrosen

Durch den Einfluss der Chinarosen blühen sie im Spätsommer noch einmal nach. Ihre kugelförmigen, großen gefüllten Blüten duften oft intensiv. Ihre Urform entstand vor 1817 auf der Insel Bourbon, heute Réunion. Die Wuchsform ist je nach Sorte recht unterschiedlich.

Climber

Kletterrosen, die meist öfter blühen, mit starren, steifen Trieben und meist großen Blüten. Sie ähneln vom Wuchs her hohen Strauchrosen und eignen sich für Wände, Spaliere, Rosenbögen und Pergolen.

Damaszenerrosen

Rosa damascena ist eine der Stammmütter unserer Gartenrosen. Ihren Nachkommen hat sie den typischen Damaszenerduft, auch Alte-Rosen-Duft genannt, vererbt. Damaszenerrosen bilden pflegeleichte, robuste und winterharte Sträucher. Sie blühen bis auf die Herbstdamaszenerrosen nur einmal, in weißen bis rosaroten Farbtönen. Sie kamen vermutlich während der Kreuzzüge aus Persien nach Europa. Ihre Blüten wurden im Mittelalter für viele Speisen, Schönheitsmittel und Parfums verwendet. Heute zählen sie zu den wichtigsten Ölrosen, die für die Gewinnung von Rosenöl angepflanzt werden.

Einmalblühende Rosen

Rosen, die nur einmal in der Saison blühen, meist im Juni/Juli. Ihre überreiche Blütenfülle entschädigt für den einmaligen Auftritt.

Englische Rosen

Sie sind aus Rückkreuzungen von Alten Rosen mit modernen Teehybriden entstanden und verbinden Blütenform und Duft der Alten Rosen mit den Farben und der Öfterblütigkeit der modernen.

Gallicarosen

Rosa gallica gilt als Urahnin der europäischen Gartenrosen. Gallicarosen bilden meist 1–1,5 m hohe kompakte Sträucher und blühen in rosaroten und samtig violetten Farbtönen. Sie blühen nur einmal. Ihr Duft ist würzig, aber nicht immer besonders intensiv. Aus ihren Blüten wurde im Mittelalter Rosenessig für medizinische Zwecke hergestellt, deshalb heißen sie auch Essigrosen.

Gattung

Oberbegriff in der botanischen Gliederung, der eine Gruppe von → Arten mit gemeinsamen Merkmalen zusammenfasst.

Langzeitdünger

Mineralischer Dünger, auch Depotdünger genannt, der aus Düngerkörnern mit einer halbdurchlässigen Hülle besteht. Die Nährstoffe werden langsam abgegeben, eine Auswaschung wird vermieden.

Moos

Das aus Duftdrüsen bestehende klebrige Moos, das Kelchblätter und Stiele überzieht, duftet beim Zerreiben wunderbar harzig balsamisch.

Moosrosen

Zu dieser Gruppe werden alle Rosen zusammengefasst, die mit → Moos besetzt sind. Es handelt sich meist um Zentifolien und ihre Abkömmlinge.

Öfterblühende Rosen

Rosen, die mehrmals in der Saison blühen, meist mit kleinen oder größeren Pausen.

pH-Wert

Wert für den Säuregehalt des Bodens. Ein pH-Wert um 7 ist neutral, darunterliegende Werte zeigen ein saures, darüberliegende ein basisches Milieu an. Für Rosen ist ein pH-Wert im leicht sauren Bereich um 6,5 ideal.

Portlandrosen

Die erste war vermutlich ein Abkömmling einer herbstblühenden Damaszenerrose und entstand in Italien. Ihr kompakter Wuchs mit einer Höhe um 1 m, ihre Winterhärte, der wunderbare Duft und die Blüte bis zum Herbst machen sie zu idealen Rosen für kleine Gärten.

Rambler

Kletterrosen mit weichen, biegsamen Trieben und meist kleinen Blüten, die meist nur einmal blühen. Sie eignen sich für das Beranken von Bäumen, Gartenhäuser und Pergolen. Inzwischen gibt es einige neuere Züchtungen, die öfter blühen.

Remontantrosen

Sie gelten als Bindeglied zwischen Alten und modernen Rosen. An ihrer Entstehung waren fast alle Rosenklassen beteiligt. Sie blühen meist zweimal in der Saison, mit einer Hauptblüte und einer schwächeren Nachblüte, d. h., sie remontieren. Es sind robuste, bis 1,8 m hohe Sträucher mit großem Laub und einem Farbspektrum der Blüten zwischen Weiß, Rosa, Karmesin und Purpur, oft wunderbar duftend.

Rugosarosen

Die ursprünglich aus Asien stammende Kartoffelrose *Rosa rugosa* ist hier inzwischen eingebürgert. Sie ist unempfindlich gegen Krankheiten und tierische Schädlinge, verträgt jedoch keinen kalkhaltigen Boden. In vielen Formen und Farben, meist mit intensivem Duft, der oft eine würzige Note aufweist.

Sorte

Besondere Züchtung einer Pflanzenart. Sie wird mit einfachen Anführungszeichen markiert, wie z. B. *Rosa alba* 'Suaveolens'. In Sortenlisten wird die botanische Bezeichnung meist nicht mit aufgeführt.

Teehybriden

Sie entstanden durch Kreuzungen mit → Teerosen und haben die Frostempfindlichkeit, aber auch die Öfterblütigkeit und den typischen Teerosenduft geerbt.

Teerosen

Kreuzungen zweier Chinarosen mit Bourbon- und Noisetterosen. Sie sind nicht immer ganz frosthart.

Veredelung

Häufigste Vermehrungsmethode bei Rosen, bei der das → Auge einer Edelrose am Wurzelhals einer Wildrose eingesetzt wird. Beide Pflanzen verbinden sich zu einer Einheit. Die Wildrose, auch als Unterlage bezeichnet, bildet das Wurzelwerk. Die darauf veredelte Rose prägt das äußere Erscheinungsbild.

Veredelungsstelle

Knotenartige Verdickung am Wurzelhals oder bei Stammrosen in Kronenhöhe. An dieser Stelle wird bei der → Veredelung das → Auge einer anderen Rose eingesetzt.

Zentifolien

Vermutlich sind sie bereits im 16. Jahrhundert in Holland entstanden, ihre Herkuft ist ungeklärt. Die Sträucher werden bis zu 2 m hoch. Die dichtgefüllten »hundertblättrigen« Blüten, vorwiegend in Rosatönen, duften stark.

REGISTER

Die **halbfett** gesetzten Seitenzahlen verweisen auf Abbildungen.

A

Abraham Darby 26, 48, **48**
Agnes 53
Albarosen 7, 8
Ananasminze 31
Ananassalbei 13
Anhäufeln 18, 26
Auge 24
Augusta Luise 46, **46**

B

Barkarole 31, 33
Basilikum 13
Basye's Purple 53
Beetrosen 7, 18, 19, 25
Begleitpflanzen 12, 13
Beinwelljauche 23
Belle Isis 9, 54, 56, **56**
Benjamin Britten 47, **47**
Bergminze 49
Bibernellrosen 17
Blanc Double de Coubert 53
Blattschäden 26, **27**
Blush Noisette 26, 56, **56**
Boden 16, 17
Bodendeckerrosen 7
Bodenmüdigkeit 17
Bohnenkraut 13
Borretsch 22
Bourbonrosen 7
Brennnesseljauche 23
Buff Beauty 8, 26, 48, **48**

C

Celsiana 8, 36, **36**, 37
Chartreuse de Parme 49, **49**
Chinarosen 7
City of York 40
Clematis 'Etoile de Violette' 45
Colette 49, **49**
Comte de Chambord 33
Constance Spry 9, 54, **54**
Containerrosen 10, 11, 18, 19
Cornelia 40
Crimson Glory 31, 33
Currykraut 13

D

Dainty Maid 54
Damaszenerrosen 7, 8, **37**
Direktor Benshop 40, **40**
Donau 43
Duchesse de Rohan 39
Duftfestival 8, 30, **30**, 31
Duftpelargonien 13
Duftpotpourri 44, **44**, 45
Duftsteinrich 13
Duftwicken 13
Düngen 20, 21, **21**, 22, 26

E

Eberraute 31
Edelrosen 7, 25, 26
Erotika 33
Evelyn 47

F

Fantin Latour 38, **38**
Färberkamille 45
Felicia 26, 40, **40**
Félicité Parmentier 8, 9, **9**, 37, 41, **41**
Ferdinand Pichard 50, **50**
Foxi 53
Fruchtsalbei 13

G

Gallicarosen 7, 9
Gartenarchitekt Günther Schulze 51
Gelbe Dagmar Hastrup 53
Gertrude Jekyll 33, **33**
Gießen 20, 21
Golden Celebration 50, **50**
Graham Thomas 8, 26, 44, **44**, 45
Great Maiden's Blush 41, **41**

H

Hansa 53
Heidi Klum 33, **33**
Heiligenpflanze 13
Henri Martin 9, 55, **55**
Hermann Schmidt 43
Holz, altes 24
Hornspäne 20

I/J

Indigo 39
Ispahan 37

James Veitch 55
Jaques Cartier 39

K

Kalk 16
Kamille, Römische 13, 39
Kartoffelrosen 17
Kaskadenrosen 25
Kletterrosen 7, 18, 19, 25
Knoblauch 22
Kompost 16, 20
Königin von Dänemark 41
Königslilie 13

L

Lac Majeau 53
Lavendel 13, 22, 31
Levkojen 13
Louise Odier 34, **34**

M

Madame Boll 39, **39**
Madame Isaac Pereire 26, 34, **34**
Madame Knorr 39

Mädchenauge 45
Mainauduft 31
Majoran 39
Marienblatt 39
Mehltau 23
Mist 16, 20
Moosrosen 9
Moschatarosen 7, 8
Mulchen 21, **21**
Muscosa 55

N/O

Noisetterosen 7

Oklahoma 31
Old Port 33
Öle, ätherische 6, 8
Oregano 13

P

Papa Meilland 31
Parfum de l'Haÿ 53
Paul Ricard 57, **57**
Pax 40
Penelope 40
Pfeifenstrauch 13
Pflanzen 18, **18**, 19, **19**
Pflanzenjauchen 23
Phlox 13
pH-Wert 16
Portlandrosen 7
Purpursalbei 46

R

Rainfarn 23
Rambler 17, 20, 24
Reine des Violettes 42, **42**
Remontantrosen 7
Rosa pimpinellifolia 17
Rosa primula 9
Rosa rubiginosa 9
Rosa rugosa 17
Rose de Resht 8, 32, **32**

Rose du Roi 39
Rosen
 –, Alte 7, 17, 20
 –, einmalblühende 24, 25
 –, Englische 7, 9
 –, frostempfindliche 20, 26
 –, kandierte 14, **15**
 –, moderne 7
 –, öfterblühende 20, 23, 24, 25
 – pflanzen 18, 19, **19**
 – trocknen 14, **15**
 –, wurzelballierte 11
 –, wurzelnackte 11, 18
Rosenaufguss 39
Rosenbowle 32, **32**
Rosendünger 20
Roseneis 36
Rosenerde 19
Rosengelee 14, **15**
Rosenkuchen 38, **38**
Rosenmus 27
Rosenpflege 26
Rosenpotpourri 44, **44**, 45
Rosenresli 17, 26, 35, **35**
Rosenrost 23
Rosenschnitt 24
Rosensirup 14, **15**
Rosentee 47
Rosentrüffel 53, **53**
Rosenwasser 14, **15**
Rosenzucker 54
Roseraie de l'Haÿ 52, 53, **53**
Rosmarin 13
Rotes Meer 53
Rotes Phänomen 53
Rugosarosen 9, 16, 52, **53**

S

Salbei 22
Salet 55
Schafgarbe 45
Schneeeule 53
Schneekoppe 53
Schnitt 24, **24**, 25, **25**, 26

Schokoladenblume 13
Schokoladen-Kosmee 13
Schwimmrosen 31, **31**
Small Maiden's Blush 41
Souvenir d'Amour 49
Souvenir du Docteur Jamain 9, 26, 35, **35**
Stammrosen 19, 25
Standort 10, 17, 22
Sternrußtau 23
Strauchrosen 7, 18, 19, 25
Suaveolens 42, **42**
Sweet Juliet 47

T

Teerosen 5
The Pilgrim 9, 51, **51**
Thymian 13, 31
Topfrosen 19

V

Vanilleblume 13
Veilchenblau 17, 43, **43**, 51
Veredelungsstelle 18
Versigny 51, **51**
Viridiflora 57, **57**

W

Weihrauchrose 9
Weinraute 31, 39
Weinrose 9
Westerland 43, **43**
Wildrosen 20, 24
Winterschutz 26, **27**

Z

Zentifolien 7, 8
Zitronenmelisse 12
Zitronenverbene 13

SERVICE

Bezugsquellen

› Rosen Jensen, Am Schloßpark 2b 24960 Glücksburg, (Alte Rosen, seltene Rosen, Schaugarten) www. Rosen-Jensen.de
› W. Kordes's Söhne, Rosenstraße 54, 25365 Kleinoffenset-Sparrieshoop (eigene Züchtungen, Schaugarten) www.kordes-rosen.com
› Rosenhof Schultheis, Bad Nauheimer Straße 3–7, 61231 Bad Nauheim-Steinfurth (Alte Rosen, Ramblerrosen) www.rosenhof-schultheis.de www.rosarot-pflanzenversand.de
› Rosen-Union, Steinfurther Hauptstraße 27, 61231 Bad-Nauheim-Steinfurth (Schaugarten) www.rosen-union.de
› Lacon GmbH, J.-S.-Piazolostraße 4 68759 Hockenheim (Alte Rosen, Nostalgierosen, Rosendelikatessen) www.lacon-rosen.de

> ### Wichtige **Hinweise**
>
> › Tragen Sie beim Umgang mit Rosen besser Handschuhe.
>
> › Wenn Sie sich bei der Gartenarbeit verletzen, sollten Sie umgehend einen Arzt aufsuchen. Eventuell ist eine Impfung gegen Tetanus erforderlich.
>
> › Bewahren Sie Pflanzenschutzmittel und Dünger für Kinder und Haustiere unerreichbar auf. Halten Sie Kinder beim Gebrauch fern.

› Martin Weingart Rosenschule, Hirtengasse 16, 99947 Bad Langensalza/Ufhoven (Alte Rosen, seltene Rosen, z. T. Raritäten aus dem Rosarium Sangerhausen) www.frost-burgwedel.de www.historische-rosen-schuett.de
› Rosen-Shop der Rosendatenbank (Auswahl aus 4000 Sorten, Vermittlung von Rosen, die bei verschiedenen Anbietern bestellt werden, Vermittlungsgebühr)
› Waldviertler Biobaumschulbetrieb Artner, Reichenau am Freiwald 9, A-3972 Bad Großpertholz www. artner.biobaumschule.at
› Richard Huber AG, Rothenbühl 8, CH-56605 Dottikon AG (hauptsächlich Alte Rosen, Schaugarten) www.rosen-huber.ch

Rosengärten und Rosarien

› Europa-Rosarium Sangerhausen, Steinberger Weg 3, 06526 Sangerhausen, www.sangerhausen.de/sangerhausen/rosarium
› Deutsches Rosarium VDR, Westfalenpark, Am Kaiserhain 25, 44139 Dortmund, www.Westfalenpark.de
› Europa-Rosengarten und Wildrosen-Garten Zweibrücken, 66482 Zweibrücken, www. europasrosengarten.de
› Rosarium Baden, Doblhoffpark, (Rosensammlung des Züchters Rudolf Geschwind), A-2500 Baden bei Wien
› Rosarium im Botanischen Garten Linz, Rossegerstraße 20, A-4020 Linz, www.linz.at
› Barockgarten Schloss Heidegg, Rosenseminare, CH-6284 Gelfingen bei Luzern, www.heidegg.ch

Vereine

› Verein Deutscher Rosenfreunde, Waldseestraße 14, 76532 Baden-Baden, (40 regionale Freundeskreise, interessante Vorträge) www. rosenfreunde.de
› Österreichische Rosenfreunde, Parkring 12, A-1010 Wien
› Gesellschaft schweizerischer Rosenfreunde GSRF, Bahnhofstraße 11, CH-8640 Rapperswil www. rosenfreunde.ch

Literatur

› Jacob, Anny/Grimm, Hedi und Wernt, Müller, Bruno: Alte Rosen und Wildrosen. Ulmer Verlag, Stuttgart
› Leute, Alois: Rosengarten für Einsteiger. Gräfe und Unzer Verlag, München
› Rau, Heide: Romantische Rosen. Ellert & Richter Verlag, Hamburg

Dank

Die Fotografin bedankt sich bei Elisabeth Hartig für die Mithilfe bei der Gestaltung der Rezeptfotos auf folgenden Seiten: 3li., 6, 7, 150.re., 15mi.re., 38re., 44u.re.
Herzlicher Dank für die Fotoerlaubnis in ihren Gärten gilt auch:
Huis Bingerden/Holland: 4
Vierländer Rosenhof: 10, 18–21, 24u.li., 25u.li.
Garten-Galerie Stork: 16
Hildegard Caesar/Herten: 32u.re.

Bildnachweis

Alle Fotos von Marion Nickig mit Ausnahme von:
Redeleit: 24/1, 25/3, 25/4.
Titelbild: Duftrose 'Heidi Klum'

Gartenlust pur

Die neuen Pflanzenratgeber – da steckt mehr drin

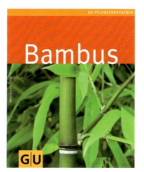

ISBN 978-3-8338-0530-1
64 Seiten

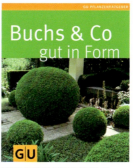

ISBN 978-3-8338-0532-5
64 Seiten

Preis je Band: 7,90 €

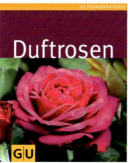

ISBN 978-3-8338-0529-5
64 Seiten

ISBN 978-3-8338-0533-2
64 Seiten

Änderungen und Irrtum vorbehalten.

Das macht sie so besonders:

Praxiswissen kompakt – vermittelt von GU-Gartenexperten

Praktische Klappen – alle Infos auf einen Blick

Die 10 GU-Erfolgstipps – so gedeihen Ihre Pflanzen gut

Willkommen im Leben.

IMPRESSUM

DAS ORIGINAL MIT GARANTIE

Ihre Meinung ist uns wichtig. Deshalb möchten wir Ihre Kritik, gerne aber auch Ihr Lob erfahren. Um als führender Ratgeberverlag für Sie noch besser zu werden. Darum: Schreiben Sie uns! Wir freuen uns auf Ihre Post und wünschen Ihnen viel Spaß mit Ihrem GU-Ratgeber.

Unsere Garantie: Sollte ein GU-Ratgeber einmal einen Fehler enthalten, schicken Sie uns das Buch mit einem kleinen Hinweis und der Quittung innerhalb von sechs Monaten nach dem Kauf zurück. Wir tauschen Ihnen den GU-Ratgeber gegen einen anderen zum gleichen oder ähnlichen Thema um.

GRÄFE UND UNZER VERLAG

Redaktion
Haus & Garten
Stichwort: Pflanzenratgeber

Postfach 86 03 25
81630 München
Fax: 089/41981-113

oder schreiben Sie uns eine E-Mail an:
leserservice@graefe-und-unzer.de

© 2007
GRÄFE UND UNZER VERLAG GmbH, München
Alle Rechte vorbehalten. Nachdruck, auch auszugsweise, sowie Verbreitung durch Film, Funk, Fernsehen und Internet, durch fotomechanische Wiedergabe, Tonträger und Datenverarbeitungssysteme jeglicher Art nur mit schriftlicher Genehmigung des Verlages.

Redaktion: Michael Eppinger
Lektorat: Barbara Kiesewetter
Bildredaktion: Daniela Laußer
Umschlaggestaltung und Layout: independent Medien-Design, München
Herstellung: Bettina Häfele
Satz: Liebl Satz+Grafik, Emmering
Reproduktion:
Fotolito Longo, Bozen
Druck: Firmengruppe APPL, aprinta druck, Wemding
Bindung: Firmengruppe APPL, sellier druck, Freising

Printed in Germany

ISBN 978-3-8338-0529-5

2. Auflage 2007

Die Autorin

Heide Rau schreibt als Autorin regelmäßig für Gartenzeitschriften und hat bereits zahlreiche Gartenbücher veröffentlicht. Ihre besondere Liebe gilt den Rosen, vor allem den Duftrosen, mit denen sie sich seit Jahrzehnten intensiv beschäftigt.

Die Fotografin

Marion Nickig studierte Grafik-Design. Seit 1981 fotografiert sie für renommierte Garten- und Wohnzeitschriften sowie Bücher, Kalender und Postkarten. Marion Nickig gilt in Deutschland als Vorreiterin einer einfühlsamen, sinnlichen Pflanzenfotografie, die von breitem botanischen Hintergrundwissen geprägt ist.

GU-EXPERTEN-SERVICE

Haben Sie weitere Fragen zum Thema? Dann schreiben Sie uns (bitte Anschrift angeben). Unsere Experten helfen Ihnen gerne weiter. Unsere Kontakt-Adresse finden Sie links.